Im Land der verschwiegenen Wahrheiten
Dr. Jürgen Mannke

Dr. Jürgen Mannke

Im Land der verschwiegenen Wahrheiten

Auf dem Schafott der politischen Meinungsbildung

DeBehr

Copyright by Doktor Jürgen Mannke
Herausgeber: Verlag DeBehr, Radeberg
Erstauflage: 2017
ISBN: 9783957533746
Umschlaggrafik Copyright by Fotolia by © Mickaël L'Achiver, © stockpics,
Lisker Fotograf, Hubertus Schmid

Hinweis: Alle nicht mit Fußnoten versehenen Schreiben sind an den Autor gerichtet worden und liegen diesem im Original vor.

INHALTSVERZEICHNIS

Der Stein des Anstoßes	14
"Hetzer mit Lehrauftrag"	35
"Lehrerverband warnt vor Asylbewerbern"	54
Wo strandet das hohe Gut der Meinungsfreiheit?	66
Das Heerlager der Heiligen	80
Bleibt die Welt zu Hause?	85
Eine Reform des Islam?	89
So schaffen wir das nicht	96
"Extrem fordernd, unzuverlässig und aufdringlich"	105
Antiquiertes Frauenbild	119
Flüchtlinge: "Zwei Drittel können kaum lesen und schreiben"	152
Nicht immer mit den ehrlichsten Absichten	162
Die Rolle des Philologenverbandes: wenig weitsichtig	165

Ein vorbildlicher Schulleiter mit beschränktem Horizont und schmutziger Fantasie – Pro und Contra im Gästebuch	196
Eine Gefahr für unsere Kinder und unser Land?	205
Was nun, Herr Minister?	219
Die Götterdämmerung von Köln	226
Epilog: Was noch zu sagen wäre	245
Der Autor Doktor Jürgen Mannke	249

"FREIHEIT IST DAS RECHT, ANDEREN ZU SAGEN, WAS SIE NICHT HÖREN WOLLEN."
(GEORG ORWELL)

Hubertus Schmid, Jahrgang 1956, Lehrer für Deutsch und Kunsterziehung, hatte für alle Ausgaben des Philologenmagazins des Landesverbandes Sachsen-Anhalt seit 1992 bis ins Jahr 2015 hinein aus Collagen wie der oberen die Titelblätter gestaltet. Im Zug der Diffamierungskampagne gegen Mannke kündigte er die weitere Zusammenarbeit mit dem Satz: „Mit Leuten, die die Meinungsfreiheit und damit die künstlerische Freiheit nicht respektieren, möchte ich nichts mehr zu tun haben."

Die Demokratie ist immer bedroht. Spätestens seit der SPIEGEL-Affäre vom Herbst 1962 müsste jedem klar geworden sein, wie enorm wichtig eine unabhängige Presse ist, die niemals als kritikloser Handlanger des regierungspolitischen Willens agieren darf. Sie hat es mehrheitlich getan – auch im Spätsommer 2015 bis zum Januar des Folgejahres. Das hat entscheidend dazu beigetragen, die Gesellschaft in vermeintliche "Wutbürger" und blauäugige "Gutmenschen" zu spalten. Und es wird Deutschland noch jahrelang belasten.

Wenn ich nicht angesichts der skandalösen Ereignisse in der Silvesternacht von Köln so entsetzt wäre, könnte ich mich eigentlich selbstzufrieden zurücklehnen. Die Bedenken gegen einige zu erwartende Folgen der Einwanderungsströme aus der muslimischen Welt, die ich in jenem „skandalösen, weil fremdenfeindlichen" Artikel der Zeitschrift des Philologenverbandes im Herbst 2015 äußerte, werden in weitaus vielfältigerem Maße seit Januar 2016 in Deutschlands Medien erhoben: Schwierige Integration, die problematische Begegnung der modernen, demokratischen westlichen mit einer patriarchisch geprägten Gesellschaft, ein tradiertes, mittelalterliches Frauenbild im Nahen Osten, eingeschleuster islamischer Terror, gefühlte hohe Kriminalität und nicht zuletzt bewusste Ausnutzung unseres Sozialstaates durch einen Teil der Zuwanderer aus Nicht-Kriegsgebieten.

Der Willkommens-Hysterie des Spätsommers 2015 konnte ich beim besten Willen nicht kritiklos verfallen. Wie jede Gedankenlosigkeit war sie mir unheimlich.

Dass ich einige Schwierigkeiten benannte, die sich zwangsläufig auftun, wenn zwei so unterschiedliche Kulturkreise nahezu unvorbereitet und direkt aufeinandertreffen, wurde mir im November 2015 in üblen Anfeindungen als Hetze und Kulturrassismus ausgelegt. Tausende Zuschriften kündeten indes davon, dass die große Mehrheit der Menschen in unserer Bundesrepublik nicht gewillt ist, sich die einseitige und oft falsche Berichterstattung über die Flüchtlingsproblematik widerspruchslos bieten zu lassen. In Landtagen verteidigten mich vernünftig denkende Politiker, in den Medien rehabilitierte man mich de facto durch eine seit Januar 2016 dominierende kritische Betrachtungsweise. Natürlich hat sich kaum jemand bei mir für seine verbalen Entgleisungen während des Shitstorms entschuldigt. Das habe ich auch nicht erwartet, obwohl in einigen Zuschriften genau das gefordert wurde. In der griechischen Mythologie rief Kassandra einst ihre Mahnungen ins Leere, man verlachte und beschimpfte sie, keiner glaubte ihren Prophezeiungen vom zeitnahen Untergang Trojas, der dann doch mit erbarmungsloser Konsequenz eintraf.

Wenn die Großzügigkeit unserer Regierung Anfang September 2015 einigen Tausend in Budapest gestrandeten Flüchtlingen die Einreise gestattete, dann ist das keine einmalige Geste, sondern der Beginn einer neuen Völkerwanderung, die Deutschland zum Hauptziel erkoren hat, weil es nirgendwo bessere Aufnahmebedingungen als bei uns gibt.

Geht man heute mit wachem und kritischem Blick durch die Welt, dann sind meine Bedenken kein düsteres Orakel, sondern resultieren aus der Erkenntnis einer relativ objektiven Geschichtsbetrachtung.

Der Stein des Anstoßes – mit diesem Leitartikel des Philologenverbandes Sachsen-Anhalt trat ich eine Lawine los

Eine Immigranteninvasion überschwappt Deutschland, die viele Bürger mit sehr gemischten Gefühlen sehen. Ohne Zweifel ist es unsere humane Pflicht, Menschen, die in existentielle Not durch Krieg und politische Verfolgung geraten sind, zu helfen. Aber es ist ungemein schwer, diese von den Leuten zu unterscheiden, die aus rein wirtschaftlichen oder gar kriminellen Motiven in unser Land kommen. Wenn man die aktuellen Bilder der Flüchtlingswelle verfolgt, ist es nicht zu übersehen, dass viele junge, kräftige, meist muslimische Männer als Asylbewerber die Bundesrepublik Deutschland auserkoren haben, weil sie hier ideale Aufnahmebedingungen vorfinden oder das zumindest glauben. Sicher brauchen wir angesichts unserer Kinderarmut gerade junge, gut ausgebildete oder zumindest integrationswillige junge Menschen, die auch in Zukunft unsere sozialen Systeme sichern helfen. Die Politik hat allerdings in der Vergangenheit nicht gerade bewiesen, dass sie eine gezielte Einwanderung zielführend zu managen weiß. Viele der Männer kommen ohne ihre Familie oder Frauen und sicher nicht immer mit den ehrlichsten Absichten. Legt man unsere ethischen und moralischen Vorstellungen an, werden die Frauen in muslimischen Ländern nicht gleichberechtigt angesehen und oft nicht gerade würdevoll behandelt. Es ist nur ganz natürlich, dass diese jungen, oft auch ungebildeten Männer auch ein Bedürfnis nach Sexualität haben. Vor dem Hintergrund ihrer Vorstellungen von der Rolle der Frau in ihren muslimischen Kulturen bleibt die Frage, wie sie, ohne mit den Normen unserer Gesellschaft in Konflikt zu geraten, ihre Sexualität ausleben oder Partnerschaften in Deutschland anstreben können. Mit einer undifferenzierten Willkommenskultur können wir diese Probleme nicht lösen und es gibt viele Frauen, die als Mütter heranwachsender Töchter die nahezu ungehemmten Einwanderungsströme mit sehr vielen Sorgen betrachten. Schon jetzt hört man aus vielen Orten in Gesprächen mit Bekannten, dass es zu sexuellen Belästigungen im täglichen Leben, vor allem in öffentlichen Verkehrsmitteln und Supermärkten, kommt. Auch als verantwortungsbewusste Pädagogen stellen wir uns die Frage: Wie können wir unsere jungen Mädchen im Alter ab 12 Jahren so aufklären, dass sie sich nicht auf ein oberflächliches sexuelles Abenteuer mit sicher oft attraktiven muslimischen Männern einlassen? In der Tageszeitung „Die Welt" vom 6.9.2015 bemerkt Clemens Wergin dazu treffend: „Die eingewanderten Muslime in Europa haben seit den 90er Jahren einen Traditions-Backlash erfahren, der ein Spiegelbild der Reislamisierung ist, die muslimische Gesellschaften im Nahen und Mittleren Osten erlebten. Das hat nicht nur die Hürden für die Integration in die europäische Gesellschaft erhöht, es hat zudem auch ein ernsthaftes Sicherheitsproblem geschaffen." Ja, wir brauchen Einwanderung, aber die richtige Einwanderung, also ein Gesetz muss endlich in Kraft treten, dass dieses Problem endlich umfassend zu lösen hilft. Andere Länder wie die USA oder Australien sollten da als Vorbild dienen. Es kann nicht sein, dass muslimische Familien verlangen, dass in deutschen Schulen ihre Wertevorstellungen vermittelt und ausgelebt werden können. Hinzu kommt noch, dass in sozialen Brennpunktschulen mit extrem hohem nichtdeutschen Schüleranteil Lehrerinnen und Lehrer beschimpft und sogar gedemütigt werden. Wir müssen unmissverständlich klarmachen, dass diejenigen, die zu uns kommen, sich unseren Grundwerten anzupassen haben und nicht umgekehrt. Beim Erlernen der deutschen Sprache kann unser Berufsstand sehr nützliche Arbeit im Sinne einer wirklichen Integration für die Flüchtlinge leisten. Die Fehler aus der Vergangenheit – besonders im Zuge der ersten Einwanderungswelle der späten fünfziger und frühen sechziger Jahre – wo in regelrechten „Ausländervierteln" Parallelgesellschaften mit oft ungebildeter Arbeitnehmerschaft entstanden, deren Bewohner noch dazu keine oder kaum Bereitschaft zeigten, sich wirklich ernsthaft integrieren zu wollen, dürfen sich keinesfalls wiederholen. Hier tragen wir alle die Verantwortung und mit Schwarz-Weiß-Malerei ist uns nicht geholfen.

Iris Seltmann-Kuke – stv. Vorsitzende
des Philologenverbandes Sachsen-
Anhalt
Dr. Jürgen Mannke – Vorsitzender
des Philologenverbandes Sachsen-
Anhalt

"Sie haben – noch bevor die Ereignisse der Silvesternacht das gesellschaftliche und mediale Tabu gelüftet haben – mögliche Probleme benannt, die viele Menschen, darunter insbesondere viele Eltern, beschäftigen. Auch wenn ich für die Beschreibung dieser Sorgen nicht Ihre Worte gewählt hätte, halte ich die mediale Diskussion, die auf den Artikel folgte, für überzogen und am Problem vorbei. Nicht entgangen ist mir die große Zustimmung, die Sie von vielen Lesern der Mitteldeutschen Zeitung erhalten haben. Beschönigende Darstellungen der realen Probleme, die eine Integration von Menschen aus anderen Kulturkreisen eben auch mit sich bringt, helfen weder den Zuwanderern, noch der einheimischen Bevölkerung. Dass sich nun ein zunehmend offenes Diskussionsklima entwickelt, in dem wir nicht nur über unsere Angebote der Aufnahme und Integration diskutieren, sondern auch über die vielen Herausforderungen, begrüße ich."

Dr. Christoph Bergner, ehemaliger Ministerpräsident des Landes Sachsen-Anhalt und Parlamentarischer Staatssekretär a. D., trifft in diesem Brief an mich genau die Intention, welche ich mit der Publikation der vorliegenden Schrift verfolge: Gezeigt werden soll, dass in unserer Demokratie bei einigen brisanten Themen ein bedenklich tiefer Graben zwischen der von den meisten Medien bevorzugten Political-Correctness-Berichterstattung (man kann es auch als Schwarz-Weiß-Malerei oder Schönfärberei bezeichnen) und der wirklichen Meinung weiter Teile der Bevölkerung klafft. Dabei handelt es sich meist nicht um ungebildete oder gar von radikalen Ideen infizierte Menschen. In einem Interview gab der bekannte Journalist Hanns Joachim Friedrichs einen wichtigen Rat, wie sich die Vertreter seiner Berufsgruppe die Glaubwürdigkeit in der Bevölkerung sichern und erhalten können: *„Das hab' ich in meinen fünf Jahren bei der BBC in London gelernt: Distanz halten, sich nicht gemein machen mit einer Sache, auch nicht mit einer guten, nicht in öffentliche Betroffenheit versinken, im Umgang mit Katastrophen cool bleiben, ohne kalt zu sein. Nur so schaffst du es, dass die Zuschauer dir vertrauen, dich zu einem Familienmitglied machen, dich jeden Abend einschalten und dir zuhören."* [1]

Diese Erkenntnis beherzigen viele Berichterstatter schon lange nicht mehr. Da muss sich doch niemand darüber wundern, dass die Leser, Rundfunkhörer und Fernsehzuschauer vielen Publikationen zutiefst misstrauen und sich zu oft unüberlegten und Wutbürger-Urteilen wie „linke Lügenpresse" hinreißen lassen. Tatsächlich ist der heutige Journalismus zu oft von einer zu offensichtlichen Parteinahme geprägt. Im Rahmen unserer Meinungsfreiheit müsste eine gefestigte Demokratie so stark sein, um auch unbequemen Positionen Gehör zu schenken. Courage ist gefragt, will man sich mit unliebsamen oder gefährlichen Meinungen auseinandersetzen. Die seit dem

---

[1] „Cool bleiben, nicht kalt." Der Fernsehmoderator Hanns Joachim Friedrichs über sein Journalistenleben. In: Der Spiegel Nr. 13/1995 vom 27. März 1995.

Hochsommer 2015 eskalierende Flüchtlingsproblematik entwickelte sich zu einem derart sensiblen Thema, dass unter dessen Eindruck bei zahlreichen Politikern die Nerven blank lagen. Oft wussten sie keinen anderen Ausweg, als euphemistische Erklärungen abzugeben, Andersdenkende unflätig zu beschimpfen oder hilflos und ohnmächtig zu schweigen. All das ist grundsätzlich kontraproduktiv.

Ob der US-amerikanische Afghanistan-Feldzug gegen die mörderischen Taliban oder der Irak-Krieg, der Saddam Husseins menschenverachtende Diktatur beseitigt hat, richtig oder falsch waren, wird die Weltgeschichte beantworten. Aber als sicher gilt, dass diese unglücksseligen Kriege eine Ursache für die Flüchtlingstragödien im Nahen Osten sind. Warum wurde dem kürzlich verstorbenen, wohl profiliertesten Kenner des Nahen Ostens, Peter Scholl-Latour, kaum Gehör geschenkt? Er prophezeite, dass die erdbebenartigen Verschiebungen in dieser Region zu weltweiten Spannungen führen würden. Aus dem euphorisch begrüßten, grünen arabischen Frühling ist ein eisblauer, bitterkalter Winter aus Terror und Bürgerkrieg geworden, der Millionen Menschen zur Flucht treibt. Diese Folgen trägt nun auch Europa; von Tariffa über Lampedusa bis Kos – und das sind nur die Spitzen des Eisberges. Die Bevölkerung unseres Kontinents wurde von einer Flüchtlingswelle überrascht, die nicht mehr beherrschbar zu sein schien.

Über eine Million Menschen sind 2015 nach Deutschland gekommen und deren Identität ist nicht immer bekannt. Pro Flüchtling wollen mindestens etwa drei bis vier Personen nachziehen. Aufgrund der EU-Prognose gehen realistisch-konservative Schätzungen von acht bis zehn Millionen Flüchtlingen bis 2020 in Deutschland aus.

Daher rührt auch die Angst und Unsicherheit vieler Menschen: Wird nun alles, was wir an Werten der abendländischen Kultur geerbt, geschaffen und bewahrt haben, auf dem Altar einer diffusen Multikulti-Szenerie geopfert? Werden Islamisierung und Scharia flächendeckend um sich greifen? Warum dürfen in Deutschland Moscheen gebaut werden? Haben die Regierungen uns wissentlich belogen? Sind sie vielleicht gar nicht in der Lage, die Gefahr einer nicht mehr kontrollierbaren Einwanderung realistisch einzuschätzen und wirkungsvolle Maßnahmen zum Schutz der eigenen Bevölkerung zu ergreifen? Weshalb müssen wir Deutsche nach über 70 Jahren immer noch dem Stigma unserer unheilvollen nationalsozialistischen Geschichte Tribut zollen? Das sind Fragen, die unsere Menschen beschäftigen. Sie haben es satt, durch Meinungsmanipulation und ein bis an die Schmerzgrenze des Erträglichen propagiertes heiles Bild von der Willkommenskultur in die Irre geführt zu werden. Wir ehemaligen DDR-Bürger sind in diesem neuralgischen Punkt besonders empfindlich. Als Schüler und Student wurden uns ständig solche realitätsfernen Unsinnigkeiten eingetrichtert: Als sozialistische Schulkinder glaubten wir wirklich noch, dass in Amerika die bösen, imperialistischen Weißen und die guten, afroamerikanischen Unterdrückten leben und sich beide Seiten in ständigem Klassenkampf befinden. Insofern passte die Inszenierung um die Kampagne "Freiheit für Angela Davis!" (ein Mitglied der selbst in den USA kaum bekannten, aber verfemten Kommunistischen Partei) genau in das Propaganda-Schema der Staatspolitik im selbsternannten "Arbeiter- und Bauernstaat". Es gab zum Beispiel im DDR-Bildungsfernsehen eine Sequenz zum Fremdsprachenunterricht „English for you" (der ohnehin stiefmütterlich behandelt, misstrauisch beäugt und als Transmissionsriemen imperialistischer Ideologie diffamiert wurde), in der zwei smarte, klassenbewusste Akteure, Tom und Peggy, ständig mit Gewerkschaftsarbeit beschäftigt waren und hingebungsvoll Propaganda für die völlig unbedeutende Kommunistische Partei Großbritanniens betrieben – leider in englischer Sprache. Nahm man diese Sendungen für bare Münze, musste man glauben, dass sich Großbritannien unbeirrbar auf dem Weg zum Sozialismus befindet.

Und heutzutage? Da versuchten bis zur Silvesternacht von Köln nicht wenige Journalisten, den Menschen hierzulande ernsthaft in altbekannter Schwarz-Weiß-Manier einzuimpfen, dass alle Asylbewerber hilfsbedürftig, Flüchtlinge fast immer akademisch gebildet oder für unsere Wirtschaft ein Zugewinn sind.

Glaubte man der Presse, dann schien es so, als seien im September 2015 Heerscharen von integrationswilligen

Ärzten, Hochschulprofessoren, Ingenieuren und Lehrern mit ihren Familien in Deutschland eingetroffen, die uns mit einem Schlage von den Sorgen des Fachkräftemangels erlösen würden. Was für eine Chimäre! Diese Art Irreführungen, die besonders im Osten übel genommen werden, sind dazu geeignet, den Glauben an die Seriosität unserer Medien zu verlieren. In letzter Konsequenz erweisen sich diese selbsternannten Retter der vorbehaltlosen Toleranzgesellschaft als deren Totengräber. Sie erreichen mit diesen Beschwichtigungsinstrumentarien das Gegenteil davon, was sie wirklich wollen oder wenigstens vorgeben, daran zu glauben: Misstrauen und Unglaubwürdigkeit, weil die Menschen nahezu täglich etwas ganz anderes erleben, als ihnen vorgegaukelt wird.

In seinem fast sarkastischen, brillanten Kommentar im Magazin für politische Kultur „Cicero" schreibt Frank A. Meyer, dass die linken Eliten in die muslimischen Migranten nahezu verliebt seien und diese als neues revolutionäres Kernpotenzial verstünden. Durch dieses würde es möglich, wieder einmal einen grundlegenden Wandel der deutschen Gesellschaft herbeizuführen: *"Katrin-Göring Eckardt, Fraktionsvorsitzende der Grünen, schwelgt im Gefühl der bevorstehenden Revolution: 'Unser Land wird sich ändern, und zwar drastisch, ich sage euch eins, ich freu mich drauf, vielleicht auch, weil ich schon mal eine friedliche Revolution erlebt habe. Dieses hier könnte die sein, die unser Land besser macht.' ...*

Die revolutionsbeseelte Grüne, einst Aktivistin des DDR-Jugendverbandes FDJ, hat's im Blut: Ihr erstes neues Deutschland ist gescheitert, das nächste muss gelingen. Zumal ja gerade das geeignete revolutionäre Potenzial ins Land strömt: Migranten aus der islamischen Welt. Sie sollen als 'Neubürger' aufgenommen werden. Diesen Zustrom im Blick, kennt die Begeisterung der bekennenden Protestantin kein Halten mehr: 'Man hat uns Menschen geschenkt.' Menschen als Geschenk? So reden Mütter von Neugeborenen. Von Mitte links bis links außen scheint eine Berliner Elite geradezu vernarrt in die Migranten, die auf dem Marsch ins gelobte Deutschland ihre mittelalterliche Kultur im Tornister tragen: Unterwerfung unter religiöse Regeln von Koran und Scharia, Männerherrschaft und Unterdrückung der Frau, völliges Unverständnis für Freiheit und Verpflichtung des Grundgesetzes – der westlichen Zivilisation. Ist das den Zuwanderern vorzuwerfen? Wohl kaum, entstammen sie doch der erfolglosesten Religionskultur der Geschichte: 1,57 Milliarden Muslime – und keine Demokratie, kein Rechtsstaat, keine moderne Gesellschaft."[2] Linke Ideologen und grüne Sozialutopisten sind nur allzu gern bereit, die deutsche Demokratie gegen die "geschenkten Menschen" einzutauschen. Bekannte, deutsche Zeitungen kochen diesen absurden Brei kräftig hoch.

Die linke Tageszeitung *taz* titelt in der Burka-Debatte und in Anlehnung an ein berühmtes, weil sinnvolles Rosa-

---

[2] Frank A. Meyer: Es werde Deutschland, Kommentar, Cicero, Magazin für politische Kultur, Nr.10, Oktober 2016, S.38/39

Luxemburg-Zitat: *"Freiheit ist die Freiheit des Andersbekleideten."*
Das führende deutsche, sich linksliberal gebende Nachrichtenmagazin "Der Spiegel" schreibt tatsächlich einen solchen paradoxen Satz: *"Die Burka kann ein Zeichen der Freiheit sein."* Man kann den Eindruck gewinnen, dass nicht unsere deutsche Verfassung, sondern inzwischen die Religionsfreiheit unter allen Umständen das oberste Gebot in Deutschland ist, *"untergeordnet ist ihm die Gleichberechtigung der Frau, womit sich die neudeutschen Werte aufs Harmonischste anschmiegen an Koran und Scharia."* [2]
In diesen von den Medien gesteuerten Irrsinn passt als winziger Mosaikstein auch die deutschlandweit geschürte Verleumdungskampagne gegen mich im November 2015 von "Spiegel-Online" über die "Frankfurter Allgemeine" bis hin zur "Mitteldeutschen Zeitung", die vor 1989 den verheißenden Titel "Freiheit" trug und damit die Freiheit meinte, die unserer damaligen Bezirksleitung der SED Halle genehm war. Diese Vergangenheit sollte eigentlich längst überwunden, aus den Fehlern von damals gelernt worden sein. Muss man schon wieder befürchten, dass die Pressefreiheit missbraucht, die Bürger entmündigt und die Informationen manipuliert werden? Allein der Hauch dieses Verdachtes empört besonders den gelernten DDR-Bürger und stellt ihn bei Gesinnungsmissionaren sofort unter den widersinnigen Generalverdacht rechter Gesinnungslumperei.
"Darf man den Medien wirklich nichts mehr glauben?",

fragt am 19.01.2016 Marc L. Merten und berichtet in einer TV-Kritik zu "Hart aber Fair":
„Wenn *eine freie Journalistin des WDR in einer Radio-Talkshow erklärt, die öffentlich-rechtlichen Medien seien 'angewiesen, pro Regierung zu berichten', dann ist das eine dramatische Aussage. Wenn sie sich tags darauf entschuldigt, 'unter Druck totalen Quatsch' erzählt zu haben, macht es das nicht besser. Im Gegenteil. Die Diskriminierung und Diffamierung jener, die kritisch hinterfragen, wo die Probleme der Flüchtlingspolitik liegen, ohne dabei rechtspopulistisch zu werden, (ist mehr als bedenklich). Bei jedweder Kritik an Merkel und ihrer Politik – nicht nur von den Medien, sondern aus der eigenen politischen Mitte – käme sofort der Hetzer- und Rassismus-Vorwurf wie eine moralische Keule. Kritiker sollen mundtot gemacht werden. Eine Entwicklung, unter der die deutsche Demokratie wohl noch viel eher leiden würde als unter Alexander Gauland und dessen Vorwurf der 'Lügenpresse'.*"[3]

Sollte man also der Tendenz geistiger Mumifizierung durch permanente Manipulation nicht entgegensteuern? Das kann niemand ernsthaft von selbstständig denkenden und aufrichtigen Menschen verlangen. Totschweigen, vertuschen, verfälschen, beschwichtigen – wozu das führt, wissen wir und künstlerisch überspitzt schrieb Günter Kunert (Jg. 1929), der 1979 die DDR verlassen musste, in seiner Parabel "Sintflut" (1975) darüber, wie

---

[3] Marc L. Merten: "Darf man den Medien wirklich nichts mehr glauben?", TV-Kritik in: "Hart aber Fair", 19.01.2016, t-online.de

das Establishment dieser Welt eine immer bedrohlicher werdende Katastrophe bis zum letzten Augenblick verharmlost, sich mit sinnentleerter Propaganda, unrealistischen Versprechungen und völlig wirkungslosen Maßnahmen zu retten versucht, um am Ende mit allen Bewohnern gemeinsam unterzugehen:

„Hunger greift um sich, Seuchen, bitterste Not und bitterste Angst. Hubschrauber fliegen über die aus den Wellen ragenden Reste und werfen Flugblätter ab, des Inhalts, dass alles getan werde, das Unglück abzuwenden. Gläubig lesen die Ertrinkenden die druckfeuchten Blätter. Den Sterbenden hält man die Zettel vor die Augen, die der Tod schon trübt. Von den Dächern der Wolkenkratzer spült die Flut die letzten Lebenden, die niemals erfahren, dass eine Sintflut über sie gekommen: Das zu verheimlichen, wird allen Beteiligten wichtiger sein, als in dem zunehmenden Regen, in den schwellenden Bächen, den andauernden Wolken die beginnende Katastrophe zu erkennen. Für eine weitere Sintflut würde man nun viel besser vorbereitet sein, wenn man nicht schon bei der ersten untergegangen wäre."[4]

Ein fiktiver, warnender – ein apokalyptischer Text. Übertrieben? Hoffentlich.

Was war mir eigentlich geschehen? Warum gehe ich den Weg des Buches?

Weil sich aus einem banalen, nicht allzu aussagekräftigem Editorial in einer wenig beachteten Zeitschrift eine

---

[4] Günter Kunert: „Vor der Sintflut. Das Gedicht als Arche Noah."Frankfurter Vorlesungen. München, Carl Hanser Verlag

Medien-Flut entwickelte, in deren Schmutzwasser ein sensiblerer Mensch ertrinken kann. Heinrich Böll warnte in einer 1959 gehaltenen Rede vor dem Missbrauch der Sprache: *"Worte können töten, und es ist einzig und allein eine Gewissensfrage, ob man Sprache in Bereiche entgleiten lässt, wo sie mörderisch wird."* [5], eine Hyperbel vielleicht, aber: Um eine unbescholtene Existenz zu zerstören, reicht die Kraft der vierten Gewalt im Staat, der Medien, allemal aus.

Mit nahezu lähmendem Entsetzen musste ich vom 06.-15.11.2015 eine von der LINKEN-Politikerin Birke Bull (*"Das grenzt an Hetze"*), und der Fraktionschefin von Bündnis 90/GRÜNE im Landtag und jetzigen Umweltministerin von Sachsen-Anhalt, Frau Prof. Dalbert ("*Das ist inhaltlich auf einem unterirdischen Niveau, das bedient Vorurteile und den rechten Rand"*) mit geschürte Medienkampagne gegen mich ertragen.

Anlass dafür bot ein Artikel von meiner Stellvertreterin Iris Seltmann-Kuke und mir in der Philologenzeitschrift vom November 2015 (*"Anpassung an unsere Grundwerte erforderlich"*), der eigentlich als interne Diskussionsgrundlage zu einem brennenden nationalen Problem innerhalb der Lehrerschaft an unseren Gymnasien gedacht war. Das öffentliche Interesse an den Publikationen des Gymnasiallehrerverbandes hält sich ansonsten weitgehend in Grenzen. Wenn sich Menschen in unserem Lande zu einer sozialromantisch geprägten Willkommenskultur

---

[5] Heinrich Böll: „Frankfurter Vorlesungen", Sprache als Hort der Freiheit, in: Werke. Essays 1, S. 302

bekennen, dann ist das ihre Sache. Oft ist diese unkritische Haltung auch dadurch entstanden, weil solche Apologeten oft nur geringe Kenntnis von der muslimischen Kulturgeschichte besitzen. Sie sind deshalb mit den religiösen Anschauungen und sozialen Wertvorstellungen der Mohammedaner kaum vertraut und glauben an eine problemlose Integration. Das gibt ihnen aber nicht das Recht, Menschen mit anderen Auffassungen durch Totschlagfloskeln wie *„rechter Hetzer"*, *„Nazischwein"* und mich ganz persönlich noch dazu als *„unzumutbaren Pädagogen"*, *„verantwortungslosen Direktor"*, *„sexuell frustrierten alten Mann"* grundlos zu beleidigen. Massiv warf man mir in den Medien *„Hetze gegen Flüchtlinge"* vor. Bedauerlicherweise scheint vielen Persönlichkeiten des öffentlichen Lebens abhandengekommen zu sein, sich einer Streitkultur zu bedienen, die Diffamierungen gegenüber Andersdenkenden ausschließt. Lediglich der DPhV-Vorsitzende Heinz Peter Meidinger gab eine differenzierte Presseerklärung ab, von der allerdings in den meisten Publikationen nur die von ihm kritisierten Punkte abgedruckt wurden. Neben zahlreichen Journalisten schlug sich leider auch die Mehrheit des Philologen-Bundesvorstandes auf die Seite der Ankläger, besonders eilfertig mit der Formulierung einer *„unerträglichen Hetze"* tat dies der Landesvorstand von Nordrhein-Westfalen. Über die Rolle des DPhV und des eigenen Landesverbandes wird noch genauer zu berichten sein.
Dem Artikel wurden nur die wenigen Passagen entnommen, die durchaus kritisch zu hinterfragen, aber im Rah-

men unserer demokratischen Meinungsfreiheit legitim sind und keinesfalls verfassungsfeindliche oder gar nationalsozialistische Deutungen zulassen. Gegen solche Auslegungen verwahre ich mich entschieden. Über das militärhistorisch geprägte Wort „Invasion" mag man streiten, aber ob „Flüchtlingswelle" nun ein mit größerem Bedacht gewählter Begriff ist, sei dahingestellt. Aber die Hilflosigkeit, mit der wir dem Ansturm vom Balkan, aus dem Nahen Osten, den Maghreb-Staaten oder Schwarzafrika zusahen, zeigt schon Symptome wie Ohnmacht angesichts einer hereinbrechenden Naturgewalt. Deswegen kann ich auch Wolfgang Schäubles "Lawinen"-Vergleich nicht verurteilen. Ich schrieb ausdrücklich, dass neben den vielen Flüchtlingen, die unbedingt unsere Hilfe benötigen und erhalten sollen, **auch** Menschen zu uns kommen, die rein „wirtschaftliche oder gar kriminelle Motive" nach Deutschland führen. Das ist eine inzwischen längst bewiesene Tatsache.

Die 33-jährige Kriminalkommissarin Tania Kambouri beklagt, dass Muslime keinen Respekt vor der Polizei haben und die Kriminalität unter Flüchtlingen schöngeredet wird. Sie befürchtet, dass Deutschland wegen der unkontrollierten Zuwanderung *"Kriminalität importiert"* habe. In einem im Spätherbst 2015 veröffentlichten Bericht des Innenministeriums von Baden-Württemberg werden konkrete Angaben über den Anteil der Flüchtlinge an Straftaten gemacht: Von Januar bis Ende November 2015 wurden 27.255 Straftaten mit Beteiligung mindestens eines

Asylbewerbers gezählt. Hinzu kommen über 20.000 Verstöße gegen das Aufenthaltsgesetz. Syrische Flüchtlinge waren demnach in 5.576 Fällen an Straftaten beteiligt, dahinter folgen Kosovaren (3.305), Gambier (2.516) und Algerier (2.078). Es handelt sich allerdings meist um Bagatelldelikte wie 5.777 Ladendiebstähle, Schwarzfahren (4.920), leichte Körperverletzungen (2.194), aber auch 700 Wohnungseinbrüche, 1.802 Drogendelikte, etwa tausend Fälle schwerer Körperverletzung und 22-mal versuchter Totschlag. Rund 110.000 Flüchtlinge hielten sich Ende 2015 in Baden-Württemberg auf, sie stellen damit rund 1 % der Bevölkerung und sind für 5 % der Straftaten verantwortlich – so die unkommentierten Zahlen. Insgesamt für Deutschland stellt sich die Situation aber etwas anders dar. Andre Schulz teilte am 15.09.2015 im "Münchner Abendblatt" mit: *"Rund zehn Prozent der Asylbewerber werden strafrechtlich auffällig und begehen Taten aus dem Bereich der Eigentums-, Gewalt- und Drogendelikte. Im Ergebnis werden diese Taten die Kriminalstatistik aller Voraussicht nach schon in diesem Jahr im sechsstelligen Bereich anwachsen lassen. Sehr bemerkenswert dabei ist, dass so gut wie nie syrische Kriegsflüchtlinge unter den Tatverdächtigen sind. Die Täter sind in der Regel allein reisende junge Männer aus dem Balkan, überdurchschnittlich häufig aus dem Kosovo, aus Georgien und Nord- und Zentralafrika. Einige Täter geben sich perfiderweise als Syrer aus, werden aber*

bei der Vernehmung schnell entlarvt."[6]
Was also ist an meiner Feststellung aus dem EDITORIAL falsch, dass es unter den Flüchtlingen auch solche gibt, „die aus rein wirtschaftlichen oder gar kriminellen Motiven in unser Land kommen"?
Nicht allein die verwerflichen Ereignisse von Köln bestätigen diese Befürchtungen auf fatale Weise. Islamistische Terrorgruppen haben eine unbekannte Zahl ihrer Anhänger, aktive Terroristen oder Schläfer, nach Deutschland eingeschleust, denn Abertausende wurden an den Grenzen einfach durchgewunken, deren Identität niemand feststellte. Das lässt sich vielleicht mit dem Schengen-Abkommen erklären, ist aber an diesem Brennpunkt ungezügelter Einwanderung in den Augen der Mehrheit der Deutschen höchst fahrlässig. Zudem sind weitere Tausende untergetaucht, von denen kein Mensch weiß, wer sie wirklich sind und wo sie blieben. Viele Asylbewerber verschmähen auch die bereitgestellten Unterkünfte in der ostdeutschen Provinz: Von Deutschland haben sie ein glamouröseres Bild im Kopf: Berliner, Hamburger oder Kölner Großstadtszene, liebend gern! – Aber bitte keine Tristesse in einer reizlosen, langweiligen Provinz! Wenn man wirklich in Not ist, fragt man vorerst nicht nach Erbauung. Die wirklichen Flüchtlinge, durch Krieg, Leid und Entbehrung gezeichnet, sind sehr dankbar für unsere Hilfe. Das zeigen zahllose Berichte von Menschen, die

---

[6] Andre Schulz in „Abendzeitung", München, 15.09.2015," Ein Kriminalbeamter über die Flüchtlingskrise", Interview mit Timo Lokoschat

sich für die Hilfesuchenden bewundernswert einsetzen. Natürlich haben junge Männer, egal welcher Nationalität oder Religionszugehörigkeit, auch das Bedürfnis, ihre Sexualität auszuleben. Und besonders schwer wird es für die genannte Personengruppe, wenn sie in Massenunterkünften untergebracht und dazu noch monatelang zum Nichtstun verurteilt ist. Das hat nichts mit kulturrassistischer Unterstellung zu tun, sondern mit Verständnis für die Situation dieser Neuankömmlinge. Leider hat sich in den letzten Monaten bestätigt, dass unsere Kinder und Jugendlichen durchaus über die muslimische Kultur und deren Frauenbild aufgeklärt werden müssen. Sexuelle Belästigungen in Schwimmbädern und anderen Sportstätten, öffentlichen Einrichtungen und Nahverkehrsmitteln – das wird nun seit Januar 2016 täglich berichtet, in einer oft schonungslosen Weise, die manchmal fatal an DIE ZEITUNG (Heinrich Böll in "Die verlorene Ehre der Katharina Blum") erinnert. Wenige Tage nach den Ereignissen von Köln überschlugen sich plötzlich die Medien in der Berichterstattung von sexuellen Übergriffen der Flüchtlinge. Selbst in der „Magdeburger Volksstimme" berichtete ein Redakteur zu Beginn des Jahres 2016: *"Ein 23 Jahre alter Mann aus Afghanistan hat am Montag gegen 18.45 Uhr im Stendaler Schwimmbad Altoa zwei Mädchen im Alter von 12 und 17 Jahren belästigt. Der alkoholisierte Mann hatte die Mädchen offenbar unsittlich berührt, wie die Polizei mitteilte. Die herbeigerufene Polizei konnte den Mann nach einer Personenbeschreibung durch Zeugen in der Nähe des Bades aufgreifen. Dieser hatte nach dem Vorfall das Bad verlassen. Es läuft ein Ermittlungsverfahren."*[7] Noch im November wäre der Berichterstatter wahrscheinlich gemaßregelt, vielleicht sogar entlassen worden.

Meine Forderung nach Aufklärung über das Wertebild muslimischer Männer ist pädagogischer Verantwortung geschuldet und hat absolut nichts mit Diffamierung oder Sexualneid gegenüber dem muskulösen, dunkelhäutigen Mann zu tun. Die Mehrzahl der Erziehungsberechtigten unserer Kinder, Kolleginnen und Kollegen und Schülerinnen und Schüler stimmten meinem Anliegen zu. In den stürmischen Novembertagen erhielt ich über 3100 Zuschriften oder Kommentare aus dem gesamten Bundesgebiet in allen Formen der modernen Massenkommunikation. In 270 Zuschriften distanzierte man sich eindeutig von meinen Auffassungen, wobei in diesem Zusammenhang zu bemerken ist, dass diese Personen den Artikel meist nicht einmal gelesen hatten, sondern lediglich die von den Medien aufgegriffenen Absätze zum Anlass ihrer meist pauschalen Verurteilung nahmen. Die Befürworter kamen glücklicherweise fast gar nicht aus rechtspopulistischen Kreisen, sondern oft aus der sogenannten bürgerlichen Mitte. Darunter waren auffallend viele Ärzte, Juristen, Professoren und auch gebildete Menschen mit Migrationshintergrund.

In den Wochen vor dem Jahreswechsel führte ich endlose, meist nicht freiwillige Gespräche über diesen

---

[7] Bernd-Volker Brahms, Meldung in der „Magdeburger Volksstimme", 05.01.2016

SHITSTORM, der aus fast nichtigem Anlass gegen mich losbrach. Dabei eingeprägt hat sich mir eine fast poetische Bemerkung: „Nach den Ereignissen in der Silvesternacht sollte man dich 'Nostradamus von Köln' nennen."

"Hetzer mit Lehrauftrag"

Der Shitstorm brach in den Abendstunden des 6. November 2015 völlig überraschend los. Es berichteten, nicht selten mit wirklicher oder geheuchelter Empörung gewürzt, das Fernsehen des mdr, die Radiosender in ganz Deutschland und natürlich bundesweit fast alle Printmedien vom "Spiegel" über die "Frankfurter Allgemeine Zeitung", die "Süddeutsche Zeitung", die "taz" bis hin zu den regionalen Blättern der 16 Bundesländer. Ein banaler, nahezu unbedeutender Artikel in einer kaum bekannten Zeitschrift eines kleinen Lehrerverbandes hatte ein nie für möglich gehaltenes Kesseltreiben gegen mich entfacht. Ich konnte es kaum fassen und erinnerte mich an das Märchen vom süßen Brei, der sich völlig unkontrolliert ausbreitet und am Ende alles erstickt.
Im folgenden Kapitel kann nur ein repräsentativer Einblick in das Medienspektakel gegeben werden. Von einer vollständigeren Chronologie muss Abstand genommen werden, weil es den Rahmen dieses Büchleins regelrecht auseinandersprengen würde. Es gab tausende Zuschriften, Kommentare und Berichte, aber ich kann hier nur ausgewählte, exemplarische Belege vorstellen.
In der „Frankfurter Allgemeine(n) Zeitung" konnte man am 9.11.2015 lesen, dass unser Artikel zur Flüchtlingsproblematik in der deutschen Öffentlichkeit scharf kritisiert wurde.
Die FAZ berichtet ohne eigene Kommentierung, zitiert dagegen das Landesnetzwerk Migrantenorganisationen

Sachsen-Anhalt, welches Seltmann-Kuke und mich zum Rücktritt aufgefordert hatte: „*Ihr Text ist nicht nur skandalös, sondern auch gefährlich. Gerade in Zeiten, in denen die Zuwanderungsthematik die Gesellschaft zu spalten droht, sind diese Äußerungen pures Gift.*"[8] Sehr viele Medien gaben nur jene drei Auszüge unseres EDITORIALS wieder, natürlich aus dem Zusammenhang gerissen, die als alleinige Kriterien zur Bewertung unseres Beitrages fast ausschließlich in pars-pro-toto-Manier (das heißt, es werden Details aus einem Text genutzt, um diesen in seiner Gesamtaussage zu bewerten – was Objektivität kaschiert) herangezogen wurden: Die Immigranteninvasion, Warnung unserer jungen Mädchen vor Intimbeziehungen mit Mohammedanern, resultierend aus Gerüchten über sexuelle Übergriffe und die nicht immer ehrlichen Absichten, mit denen die Flüchtlinge nach Deutschland kommen. Daraus wurde der Vorwurf der Hetze gegen alle Muslime, der Verbreitung von Lügen und Halbwahrheiten und des Kulturrassismus konstruiert. Eine umfassende oder gar analytische Betrachtung des Beitrages fand in der Presse so gut wie nicht statt. Derart fehlinformiert muss man sich nicht wundern, dass die oberflächlichen Kritiker in den Internet-Foren, Zeitungen und dem Gästebuch des Goethegymnasiums Weißenfels sich nur auf diese Angriffspunkte stürzten. Die wenigsten von ihnen hatten den Beitrag vollständig gelesen.

---

[8] "Wichtiges in Kürze. Philologenverband kritisiert", in: Frankfurter Allgemeine, 09.11.2015

Benedikt Peters, Jahrgang 1989, findet (das noch stalinistische) Kuba und den rheinischen Karneval toll, aber er mag wohl kritische Zeitgenossen nicht besonders und wenn er sich zu dem aus Köln stammenden Heinrich Böll bekennt, dann müsste er doch wissen, dass gerade dieser Literaturnobelpreisträger vor dem unbedachten Wort warnt, denn Sprache kann vernichten, wenn man sie in diffamierende, demagogische, also verantwortungslose Bereiche abgleiten lässt. Obwohl Mitarbeiter der renommierten Süddeutschen Zeitung, liest Herr Peters nicht allzu gründlich und unterstellt meiner Mitautorin Iris Seltmann-Kuke und mir zügellose Hetze gegen Flüchtlinge und schreckt auch nicht vor persönlichen Beleidigungen zurück: *"Zwei Funktionäre aus Sachsen-Anhalt warnen in einer Zeitschrift vor einer ‚Immigranteninvasion' – und fragen, wie man ‚unsere jungen Mädchen' vor sexuellen Kontakten mit ‚muslimischen Männern' schützen könne. Der deutsche Philologenverband ist eine Organisation sprachlicher Genauigkeit. 90.000 Lehrer sind in der Gewerkschaft Mitglied, viele arbeiten am Gymnasium. Viele unterrichten Fremdsprachen oder Germanistik. Man kann also davon ausgehen, dass der Vorsitzende der Sektion Sachsen-Anhalt und seine Stellvertreterin sich bewusst waren, was sie da in der aktuellen Verbandszeitschrift schreiben. Wer das Heft öffnet, dem springt auf Seite vier (Seite 2 ist es – d. V.) das Foto eines Herrn mit Brille und schütterem Haar ins Auge: Jürgen Mannke, Schulleiter eines Gymnasiums, promovierter Philologe. Dann folgt ein 'Leitartikel', den er mit seiner*

Stellvertreterin Iris Seltmann-Kuke geschrieben hat. Gleich der erste Satz lautet: ‚Eine Immigranteninvasion überschwappt Deutschland.' Etwas weiter unten schreiben sie von Sorgen, die sie sich anscheinend machen: *‚Wie können wir unsere jungen Mädchen im Alter ab 12 Jahren so aufklären, dass sie sich nicht auf ein oberflächliches sexuelles Abenteuer mit sicher oft attraktiven muslimischen Männern einlassen?'* Es gebe *‚viele Frauen, die als Mütter heranwachsender Töchter die nahezu ungehemmten Einwanderungsströme mit sehr vielen Sorgen betrachten' würden."*[9] Allerdings gab und gibt es diese Sorgen, unübersehbar und nicht „anscheinend", aber wie viele seiner Zunft ignoriert Peters diese Tatsache einfach. Von der "taz" konnte eine ausgewogene Bewertung unseres nicht gerade linkslastigen Editorials freilich nicht erwartet werden. Unter der Überschrift „Hetzer mit Lehrauftrag" – ein wahres Meisterstück der Verleumdung – recherchiert Florian Brand selbst meine Biografie ungenau: Es gab in dem kleinen Ort Frankleben im damaligen Kreis Merseburg nur eine POS, an der ich drei Jahre unterrichtete und am Leipziger Literaturinstitut „Johannes R. Becher" bin ich nie gewesen, sondern studierte an der Pädagogischen Hochschule der Messestadt von 1976 - 1980 und demonstrierte übrigens seit dem 9. Oktober 1989 auf dem inzwischen berühmten Ring von Leipzig gegen das DDR-Regime gemeinsam mit Tausenden. Nun schiebt mich dieser Herr wie selbstverständlich in

---

[9] Benedikt Peters: Philologenverband hetzt gegen Flüchtlinge" in Süddeutsche Zeitung, SZ.de, 06.11.2015, 21:37 Uhr

die PEGIDA-Ecke: *„Als aufgeklärter Lehrer und weltoffener Pädagoge dürfte sich der Vorsitzende des Philologenverbands Sachsen-Anhalt, Jürgen Mannke, schon mit dem ersten Satz seines Leitartikels in der offiziellen Verbandszeitschrift disqualifiziert haben. Der lautet: ‚Eine Immigranteninvasion überschwappt Deutschland.' Ob der in Merseburg geborene und dort auch heute noch wohnende Philologe sich jemals ernsthaft mit der Frage auseinandergesetzt hat, was Menschen zur Flucht treibt, darf auch anhand der nachfolgenden Sätze bezweifelt werden. Seit 2009 ist Mannke Direktor des traditionsträchtigen Goethe-Gymnasiums Weißenfels, dessen Geschichte bis in das 17. Jahrhundert zurückreicht. Bevor der Lehrer für Geschichte und Deutsch dieses Amt übernahm, unterrichtete er ab 1991 am Domgymnasium seiner Heimatstadt und sammelte zuvor pädagogische Erfahrungen als Assistent am Leipziger Literaturinstitut sowie als Lehrer in Polytechnischen Oberschulen in Frankleben. In seinem Artikel stellt er die Frage, wie ‚wir unsere jungen Mädchen im Alter ab 12 Jahren so aufklären, dass sie sich nicht auf ein oberflächliches sexuelles Abenteuer mit sicher oft attraktiven muslimischen Männern einlassen'. Weiter schreibt er, viele der Männer kämen ‚ohne ihre Familien oder Frauen und sicher nicht immer mit den ehrlichsten Absichten'. Auch in den darauffolgenden Absätzen seines Leitartikels befeuert Mannke gemeinsam mit seiner Stellvertreterin und Koautorin Iris Seltmann-Kuke antimuslimische Ressentiments. So berufen sie sich aufs Hörensagen, wenn sie von der*

Zunahme sexueller Belästigungen schreiben."[10] Antimuslimische Ressentiments? Mir sind die Gründe von Fluchtbewegungen in der Geschichte und Gegenwart sehr wohl bekannt, aber die ganze Wahrheit darüber passt nicht ins Weltbild mancher Journalisten. Wieso ignoriert Brand das mittelalterlich geprägte Frauenbild dieser Leute? Natürlich sind über 70 % der Flüchtlinge junge Männer, die europäische Frauen häufig nur als Sex-Objekte, nicht als gleichwertige Menschen, betrachten. Wieso weiß Brand das nicht? Oder belügt er seine Leser wissentlich? Ist es das, was der Leser von einer seriösen Berichterstattung erwartet? Die ständige Leier mit dem „Hörensagen" – wir würden unbewiesene Gerüchte in die Welt streuen – wiederholt sich bis zum Überdruss im November 2015 fast täglich in irgendwelchen Gazetten. Man sucht aber bei denen, die sie spielen, vergeblich nach handfesten Indizien für die moralische Integrität aller muslimischen Flüchtlinge. Nahezu alle Redaktionen bedienen sich dieses Schein-Arguments (Man kann auch hilflose Ausrede dazu sagen.), aber nachdem zu viele Beispiele alltäglicher sexueller Belästigungen durch Flüchtlinge in die Öffentlichkeit gebracht wurden, löst sich dieses auf, leider nicht in Wohlgefallen, sondern mutiert als Munition für all jene, die mir nun mit der Nazi-Keule entgegentreten und ständig das Begriffsfeld "rassistische Ressentiments" im Munde führen, weil ihnen schlagkräftige Argumente fehlen.

---

[10] Florian Brand: „Hetzer mit Lehrauftrag", www.taz.de, 08.11.2015

Ingo Salmen von der Zeitung "Der Tagesspiegel" fragt: *"Warnung vor Sex mit Muslimen: Missverständnis oder Rassismus?"* Weder noch. Die Schlagzeile lässt dem Leser nicht einmal die Freiheit des Gedankens, dass an den angeblichen Gerüchten von sexuellen Übergriffen vonseiten der Asylsuchenden etwas Wahres sein könnte. Salmen berichtet, weil ihm selbst keine Gegenbeweise einfallen, von einem Schreiben einiger Abiturienten des Merseburger Domgymnasiums an mich. *"Mit einem offenen Brief haben sich ehemalige Schüler an Jürgen Mannke gewandt. Der Chef des Philologenverbands Sachsen-Anhalt hatte vor der Libido von Flüchtlingen gewarnt. Jürgen Mannke muss ein guter Lehrer gewesen sein. Im Deutschunterricht besprach er Stefan Zweig und Erich Maria Remarque, in Geschichte behandelte er das Schicksal Victor Klemperers. Dass ‚Migration als ein Grundbestandteil der Geschichte Europas und der Welt zu begreifen ist', hat Mannke am Domgymnasium in Merseburg immer wieder vermittelt. So berichten es jedenfalls 26 seiner ehemaligen Schülerinnen und Schüler, die sich jetzt in einem offenen Brief an den Vorsitzenden des Philologenverbandes Sachsen-Anhalt gewandt haben. Deshalb habe es sie überrascht, von Mannkes jüngsten Äußerungen zur Flüchtlingskrise zu erfahren. Als Lehrerfunktionär hatte Mannke, wie berichtet, in der Verbandszeitschrift vor Beziehungen zu Flüchtlingen gewarnt. ... 'Ihren Unterstellungen und Ihrem kulturell basierten Rassismus widersprechen wir deutlich', antworten nun Ehemalige von Mannkes früherer Schule. 'Wir sind ent-*

täuscht und traurig.' Mit Formulierungen wie 'Invasion' und 'ungehemmte Einwanderungsströme' bediene sich Mannke der Sprache der Neuen Rechten, der Verweis auf eine Bedrohung deutscher Frauen durch vermeintlich ungebildete und besonders maskuline junge Muslime bediene er 'klassische kulturrassistische Ressentiments. Statt Ängste mit Halbwahrheiten zu schüren, die häufig ganze Lügen sind, sollten gerade Sie als Geschichtslehrer wissen, dass Wandel und Verflechtungen die Grundlagen jedweder Geschichte sind', halten die Ex-Schüler Mannke vor. Mit seinem Artikel würde er auch 'dazu beitragen, das Bild eines intoleranten und rassistischen Sachsen-Anhalts zu vermitteln.' Drei Schülerinnen und Schüler des Abiturjahrgangs 2006 hatten den Brief initiiert, wie Lisa Richter als Sprecherin der Gruppe berichtet. Ehemalige ganz unterschiedlicher Jahrgänge ließen sich dafür gewinnen. Ihnen sei es ein Anliegen, gegen rassistische Äußerungen Stellung zu beziehen. Aber sie wollten auch mit ihrem alten Lehrer ins Gespräch kommen. Deshalb bauen sie Mannke eine Brücke. 'Wir bestreiten die Herausforderungen nicht, vor denen der Rechtsstaat und die Gesellschaft der Bundesrepublik Deutschland stehen', schreiben sie. Spracherwerb und gemeinsame Werte seien 'unzweifelhaft' Voraussetzungen einer gelungenen Integration von Flüchtlingen. Und überforderte Lehrer dürften 'damit nicht allein gelassen werden'. Unbehagen über den Wandel dürfe jedoch nicht in Diffamierungen umschlagen, jeder sei zu einem konstruktiven Beitrag verpflichtet. Der Aufruf an Mannke: 'Wir hoffen,

Sie für diese notwendige Debatte zu gewinnen."[11]

Schöne Worte, aber: Welchen konstruktiven Beitrag leisten diese ehemaligen Schüler? Ich kann nichts dergleichen in dem Schreiben finden. Nach einer solchen Vorverurteilung fordern die Verfasser mich zu einer Diskussion auf? Ich vermittle das Bild eines intoleranten und rassistischen Sachsen-Anhalts? In solchen Vorwürfen kann ich nicht die ernsthafte Bereitschaft für ein faires, konstruktives Gespräch erkennen. *"Die Reduktion des komplexen Themas Flucht und Asyl auf die Angst um 'unsere' Mädchen und 'unsere Werte' sowie die fragwürdigen Spekulationen über die Sexualität muslimischer Männer sind eines Pädagogen unwürdig",*[12] schreiben die Verfasser. Ist es würdiger, Schülerinnen und Schüler zu belügen, ihnen eine heile Welt vorzugaukeln? Alexandra Möbert nimmt genau darauf Bezug: *"Und wenn jetzt ehemalige (!) Schüler im Netz sich gegen Sie stellen, dann sollten diese mal den Blick auf das Gymnasium Lappersdorf richten. Hier hatte die Schülervertretung, möglicherweise durch eine Lehrkraft motiviert, jugendliche Flüchtlinge zur Halloween-Party der Schule eingeladen – das 'Ergebnis' waren sexuelle Übergriffe! Jetzt ist großes Entsetzen aufseiten der Schulleitung, der Lehrer, der Eltern und der Schüler. Penetrantes Gutmenschentum, Gefühlsduselei ist gänzlich fehl am Platz!"* Mindes-

---

[11] Ingo Salmen: „Warnung vor Sex mit Muslimen: Missverständnis oder Rassismus?", in: tagesspiegel.de, 08.11.2015, S. 1 und 2
[12] ebenda

tens realitätsfern, wenn nicht gar verantwortungslos ist es, die problematische Einstellung der meisten Muslime gegenüber Frauen und anderen Religionen zu verschweigen und unsere jungen Menschen nicht dazu anzuhalten, sich mit dieser verbreiteten Haltung kritisch auseinanderzusetzen. Es geht in unserem Beitrag nur darum, darauf mit Nachdruck hinzuweisen. Das komplexe Thema Flucht und Asyl kann in einem solchen schmalen Artikel nicht annähernd besprochen werden. Und auch im Offenen Brief kursieren wieder die bereits in der Presse gebetsmühlenartig verbreiteten Halbwahrheiten und Beschwörungsformeln aus dem Elfenbeinturm von der sinnvollen Integration über Spracherwerb und dem *"positiven Bezug auf geteilte Werte"*. Wenn die Bereitschaft dazu unter den jahrzehntelang in Deutschland lebenden Muslimen größer wäre, entstünden sicher nicht so viele Parallelgesellschaften. Es wäre fabelhaft, wenn sich das nun mit der Million Neuankömmlinge ändern und zumindest der größte Teil dieser Menschen Bereitschaft zu wirklicher Integration signalisieren würde. Religiöse Toleranz kann mit den *"geteilten Werten"* jedenfalls kaum gemeint sein. Bei sehr vielen – vor allem gering gebildeten – Muslimen wird eine solche nicht akzeptiert. Was eine christliche Übersetzerin, die aus Eritrea stammt und nicht erkannt werden möchte, in Heimen hört, ist erschreckend.

In einem Beitrag konstatiert idea-Redaktionsleiterin Daniela Städter, dass nur 14 Prozent der Flüchtlinge, die 2015 in Deutschland einen Asylantrag gestellt haben,

Christen, aber über 73 Prozent Muslime sind. Die Journalistin beruft sich nun auf den Erfahrungsbericht jener Dolmetscherin, die seit längerer Zeit in Flüchtlingsheimen arbeitet: *„Dass sie Christin ist, erwähnt sie in den Unterkünften von Beginn an nicht. Schnell bemerkt sie aufgrund ihrer Kenntnis der arabischen Sprache: 'Christen werden von muslimischen Flüchtlingen unterdrückt, eingeschüchtert und schikaniert. Das ist normal.' Häufig bekommt niemand das Mobbing mit, von dem auch Jesiden oder homosexuelle Flüchtlinge betroffen sind … Sicherheitsdienstmitarbeiter und Übersetzer sind ihren Angaben zufolge fast immer Muslime. Sie machen, sagt die 39-Jährige, auf den ersten Blick einen sehr netten Eindruck: 'Sie sind zumeist hier aufgewachsen, haben oft studiert, angesehene Berufe, und sie geben sich weltoffen.' Doch das ändere sich, sobald sie ‚unter sich' seien: ‚Dann zeigen sie ihr wirkliches Gesicht und sagen Sätze wie, Deutschland muss islamisiert werden'. Sie verachten unser Land und unsere Werte.' Die junge Frau ist entsetzt und will es lange nicht wahrhaben. Sie verschweigt weiterhin, dass sie Christin ist, um mehr zu erfahren. Unter anderem besucht sie den Koranunterricht verschiedener Moscheen: ‚Dort wird purer Hass gegen Andersgläubige gepredigt. Die Kinder bekommen es hier in Deutschland von klein auf beigebracht.' Ähnlich sei es in den Flüchtlingsheimen. Sie bekommt mit, wie sich muslimische Jungs weigern, mit Christen zu spielen. Die Übersetzerin versucht zu vermitteln: ‚Du bist Muslim, er ist Christ. Welchen Unterschied macht das denn?' Die Fünf-*

jährigen antworten ihr: ‚Mit den Christen spiele ich nicht. Meine Eltern hassen die auch.' Die Übersetzerin erschrickt: ‚Sie sind vor dem Krieg nach Deutschland geflohen und müssten doch froh sein, dass ein christliches Land sie aufnimmt.'"[13]

Die Verfasser des Offenen Briefes an mich scheinen von solchen Tatsachen noch nie etwas gehört zu haben, sie nehmen eine Welt wahr, die mit unserer Realität nur wenig gemein hat. Übrigens waren nur 12 der 26 Unterzeichner wirklich Schüler von mir, die anderen kennen mich nicht aus dem Unterricht, die selbsternannte Sprecherin Lisa Richter ist mir nur dem Namen nach bekannt, sie hat nicht eine einzige Minute als Schülerin vor mir gesessen. Ich soll ein guter Lehrer gewesen sein? Wahrscheinlich hat sie das einige Male irgendwo gehört. Das Lob will aber so gar nicht zu den Vorwürfen der Briefschreiber passen. Ich schüre, so halten sie mir vor, "Ängste mit Halbwahrheiten, die häufig ganze Lügen sind". Dieser Vorwurf kann durch den Text nicht erhärtet werden. Immer wieder habe ich darauf verwiesen, dass die mir anvertrauten Schüler die Welt kritisch und dialektisch betrachten sollen, stattdessen schließen sich die Unterzeichner kritiklos einer Argumentation mittels des pseudointellektuellen Begriffsfeldes von "kulturell basiertem Rassismus" an. Sie lassen sich damit in eine Medien-Kampagne einbinden, die mich als Rassisten hinstellen will, der mit seinem gefährlichen Beitrag in einer klei-

---

[13] Daniela Städter: „Unerkannt in Flüchtlingsheimen. Was Christen alles erleben." In: kath.net.idea, Katholische Nachrichten, 14.11.2016

nen Zeitschrift angeblich ganze Ethnien diffamiere und nichts von der Geschichte begreife. Dass solche hochintelligenten und noch dazu angenehmen Schüler, wie es beispielsweise Sven J. und Alexander K. gewesen sind, sich auf diese Weise instrumentalisieren ließen, stimmt mich traurig. Hier ist Wunschdenken einfach nicht gefragt. Es werden diese "ungehemmten Einwanderungsströme" nach Europa kaum versiegen, wenn die Weltgemeinschaft nicht die enormen Probleme in den Ländern löst, aus denen die oft verzweifelten Flüchtlinge kommen. Woher wissen die Unterzeichner eigentlich, dass sich Lehrerinnen und Lehrer "*mit den zunehmend heterogenen Klassenzusammensetzungen und Sprachkompetenzen überfordert fühlen*"? Ich kenne viele meiner Kolleginnen und Kollegen, die sich mit großem Elan an diese Mammut-Aufgabe wagen. Ich selbst nehme Flüchtlingskinder gern in unser Gymnasium auf, berate sie intensiv über die Möglichkeiten ihres weiteren Bildungsweges in enger Abstimmung mit unserem Landesschulamt. Wenn diese jungen Leute motiviert sind und Bereitschaft zeigen, ihre Chance hier in Deutschland zu einer wirklichen Integration in unsere freie Gesellschaft zu nutzen, stehen ihnen viele Optionen offen. Es wird allerdings angesichts des Personalnotstandes und der mangelnden finanziellen Untersetzung immer schwerer, die vielen Flüchtlingskinder in den regulären Schulen unterzubringen und effizient zu fördern. Was soll also dieses altväterliche Verständnis der Briefschreiber? Wer von ihnen unterrichtet an solchen Schulen und zeigt damit, dass er sich nicht nur hinreichend bekannter Phrasen bedient, sondern meine Kolleginnen und Kollegen nicht allein mit ihrer wichtigen Mission lässt? Davon erfahre ich leider nichts aus dem Brief. Bei einem Glas guten Rotweins auf der Terrasse des Eigenheims lässt sich trefflich über die missliche Lage von Flüchtlingen schwadronieren. Solidarisches Geschwätz und vergossene Krokodilstränen scheinen Werk genug für manche zu sein – es beruhigt zumindest das Gewissen, aber damit schaffen wir es bestimmt nicht, die enormen Herausforderungen zu meistern, vor denen wir stehen. Wenn die 26 Unterzeichner selbst Hand angelegt haben, um die Probleme der Migranten lösen zu helfen, dann respektiere ich ihre Vorwürfe gegen mich. Der Ingenieur Jürgen S. aus Erlangen, der sich schon während des Shitstorms mit klaren Worten auf meine Seite gestellt hat, fragt Lisa Richter und Sven J. (diese sind wahrscheinlich die geistigen Urheber des Offenen Briefes) dann auch konsequent am 7. Januar 2016: *"Wie beurteilen Sie diesen heute, nicht zuletzt nach den Exzessen des nordafrikanischen/arabischen Sex-Mobs in vielen deutschen Städten zu Silvester?"* Was für eine Debatte ist nach Köln und zahlreichen weiteren Enthüllungen von sexuellen Übergriffen, untergetauchten Terroristen und gewissenlosen Sozialstaat-Nutznießern wirklich notwendig und nützlich? Doch wohl die, wie all jenen wirksam zu helfen ist, die in Not zu uns aufgebrochen sind und ihre Heimat unter Schmerzen verlassen haben und gern bereit sind, unsere Grundwerte zu respektieren und den Willen zu echter Integration zeigen. Stattdessen wurde weiter gegen mich und ähnlich Denkende polemisiert und gehetzt. Zu dieser Kampagne trug in außergewöhnlicher Weise ein ehemaliger Schüler bei, der sich als Buchautor etablieren möchte und sich beim "Eulenspiegel" (1/16) auch satirisch versucht hat. Wir liebten den "Eulenspiegel" wegen seiner kritischen Haltung gegenüber den Missständen in der DDR. Was ist aus diesem herzerfrischenden Satire-Magazin bloß geworden, dass solche Geschmacklosigkeiten abgedruckt werden? Unter Zuhilfenahme meiner Frage aus dem EDITORIAL: Wie können wir unsere jungen Mädchen im Alter ab 12 Jahren so aufklären, dass sie sich nicht auf ein oberflächliches Abenteuer mit sicher oft attraktiven muslimischen Männern einlassen?", entwickelt Bernhard S. eine reichlich bizarre Fantasie unter dem ihn scheinbar faszinierenden Eindruck des Begriffsfeldes „junge Mädchen", die wir Pädagogen zu beschützen haben: *"Junge Frauen im Besitz der jeweiligen Lehrerschaft. Für gewöhnlich leistet der Sportlehrer an ihnen spezielle Hilfestellungen. Wenn auch der fette Bio-Lehrer drüber gerutscht ist, darf das ganze Lehrerzimmer ran. Mannke aber eher essayistisch."* [14]Das wenig geistreiche Bonmot ist nicht einmal komisch, es hinterlässt vielmehr einen peinlichen Nachgeschmack. S. ergreift wohl ganz gern die Chance, durch solche besonderen journalistischen Kostbarkeiten vielleicht auch außerhalb der sachsen-anhaltischen Grenzen bekannt zu werden. Wenn er allerdings nicht einmal da-

---

[14] Bernhard Spring: Völlig undurchsichtige Absichten. In: Eulenspiegel 1/16

vor zurückschreckt, Pädagogen als dummgeil hinzustellen, hat das mehr mit Verunglimpfung als mit Satire zu tun.

Aber es gibt eben diese Tausende, die sich genervt von der Berichterstattung abwandten, Menschen, die durchschaut haben, was hier für ein perfides Spiel getrieben wurde, um mich als kritisch denkenden Menschen in den braunen Sumpf zu ziehen. Dr. Werner S., Lehrer aus Bremen, dankt mir am 7.11.15 dafür, dass ich „*die gegenwärtige Situation auf den Punkt bringe. Egal ob unsere Medien als auch unsere Politiker versuchen, uns die gegenwärtige Situation als positiv zu verkaufen. Gerade Menschen wie Sie, die die Möglichkeit haben, sich in der Öffentlichkeit kundzutun, sollten es auch tun, damit unsere Politiker langsam verstehen, was die Bevölkerung möchte.*" Herr W. aus Braunschweig bescheinigt mir: „*Endlich mal jemand in führender Position, der den Mut hat, es auszusprechen und sich nicht an der öffentlichen Heuchelei beteiligt.*" Thorsten D. bezieht Stellung zu den angeblich antimuslimischen Ressentiments meinerseits: „*Wer seine Frauen verschleiert und noch heute steinigen lässt, wird sich unsere Vorsicht gefallen lassen müssen.*" Scharfe Medienkritik übt Tristan: *"In meinen Augen ist es wenig demokratisch, vor vollendete Tatsachen gesetzt zu werden. Das hatten wir in der DDR zur Genüge. Ich frage mich zurzeit doch sehr, was aus Demokratie und Meinungsfreiheit geworden ist. Wo sind in Deutschland die regierungskritischen Medien?*"

J. Walther las meinen Artikel „*mit Freude*" und registrierte „*mit Entsetzen die Reaktionen darauf und die öffentliche Berichterstattung darüber ... Weder äußern Sie sich pauschalisierend oder verhetzend über Flüchtende, noch versuchen Sie, Gefahren auszublenden, die uns womöglich angesichts der aktuellen Lage ereilen könnten.*" Herbert K. ist fassungslos über die Politiker und die „*gesamte Journaille. Alle müssten das Problem kennen, aber jeder verschweigt es oder gibt eine gegenteilige Meinung zum Besten. Wir werden noch unser blaues Wunder damit erleben. Mich erfasst täglich aufs Neue der Zorn über die Dummheit und Dreistigkeit und Ahnungslosigkeit, mit der die gesamte Flüchtlingsproblematik angegangen wird und das Thema Islamisierung total ignoriert wird.*" Heiko S. wettert über die Ignoranz bestimmter politischer Kräfte: „*Ähnlich wie zu DDR-Zeiten versuchen hier linke Gesinnungspolizisten hochnäsig ihre eigene Weltanschauung darzustellen und Andersdenkenden den Mund zu verbieten. Anscheinend sind Linke gar nicht in der Lage zu erkennen, dass jede Meinung immer nur eine subjektive Sichtweise sein kann und die Summe von sehr vielen Ansichten aus sehr vielen Spektren der objektiven Realität näherkommt, als jede Einzelmeinung – daher kamen die Aufklärer vor über 200 Jahren auch auf die Idee des Pluralismus. Bei vielen Linken ist diese Periode anscheinend noch immer nicht angekommen.*"

Mit der undifferenzierten Berichterstattung und Kommentierung haben sich viele Zeitungen einen Bärendienst erwiesen, nicht wenige Leser kündigten entrüstet ihr Abonnement: *"Wer den Bericht aufmerksam und bis zum Ende gelesen hat und über eine objektive und logische Denkweise verfügt, dem tränt das Auge, wenn man mit ansehen muss, wie sich diese gestandene Persönlichkeit jetzt auf Knien in alle Himmelsrichtungen entschuldigen muss. Diese Sache hat ein Gutes. Es hat gezeigt, wo wir in unserer Demokratie stehen und wer bestimmt, wo freie Meinungsäußerung beginnt und wo sie endet. ... Wenn ein Chefredakteur der Volksstimme, Herr Bock, den Bericht von Herrn Dr. Mannke als ‚allerschlimmstes Stammtischniveau', ‚üble Hetze', ‚bedient Vorurteile rechter Rattenfänger' und ‚Er muss zurücktreten' kommentiert, ist es mir schon fast peinlich, erst jetzt von diesem Schmierenblatt Abstand zu nehmen."* (Sebastian B. am 15.11.2015) Wenn in den Medien so grob fahrlässig und undifferenziert wie mit der Brechstange irreale und apodiktische Meinungsbilder den Lesern eingetrichtert werden, muss man sich nicht über deren Sprachlosigkeit, das Entsetzen oder die Gleichgültigkeit wundern, die eine solche Medienstrategie regelrecht provoziert. F. M. Hoffmann analysiert über mehrere Seiten scharfsinnig und durchaus auch kritisch das EDITORIAL und beklagt folgerichtig die fehlende Bereitschaft zum sachlichen Streit angesichts solcher journalistischer Meinungsdiktatur: Es sei unmöglich geworden, "*über ein strittiges Thema miteinander in Dialog zu treten. Und das Schlimmste von allem: Dass die beredte Wortlosigkeit nicht mehr nur auf die Ränder der Gesellschaft beschränkt ist.*

Vielmehr weisen alle bisher getanen Äußerungen darauf hin, dass ein Riss durch die Mitte der Nation geht, der sich, unversorgt, nur allzu leicht zum unüberbrückbaren Graben vertiefen kann." Genau das ist deutlich zu erkennen in der Debatte, die in der "Mitteldeutschen Zeitung" durch einen undifferenzierten Kommentar ausgelöst wurde.

"Lehrerverband warnt vor Asylbewerbern"

titelt die "Mitteldeutsche Zeitung" am 7. November 2015: *"Philologenchefs beklagen Belästigung bei 'Immigranteninvasion'."* Damit stand das Blatt in einer Reihe mit nahezu allen Zeitungen in Deutschland, die sich über einen bis dato fast unbeachteten Artikel empörten, der solch eine mir unterstellte pauschale Verurteilung von Asylbewerbern, die seit Monaten zu Hunderttausenden nahezu ungebremst und oft unkontrolliert nach Deutschland einwandern, gar nicht beinhaltete.

"Der Chef des sachsen-anhaltinischen Philologenverbandes hetzt öffentlich gegen Flüchtlinge. Im Mitglieder-Magazin bedient Jürgen Mannke nicht nur Vorurteile gegen Asylbewerber, wie sie vor allem in den sozialen Medien seit Wochen kursieren, er schürt, ohne Beleg, ohne Prüfung, ohne Verantwortungsbewusstsein Ängste vor jungen Männern, die vor Krieg und Zerstörung nach Deutschland fliehen. Wortwahl und Tonfall seines Leitartikels erinnern an Reden, wie sie auch auf den Pegida-Demonstrationen geschwungen werden. Der Vorsitzende des Interessenverbandes der Gymnasial-Lehrer (sic) beruft sich aufs Hörensagen, wenn er vor der Gefahr von 'sexuellen Belästigungen im täglichen Leben, vor allem in öffentlichen Verkehrsmitteln und Supermärkten' warnt, die von 'ungebildeten' Zuwanderern ausgehen, die 'sicher nicht immer mit den ehrlichsten Absichten' nach Deutschland kommen. Damit wirft er jenen Lehrern Knüppel zwischen die Beine, die sich täglich um Integration bemü-

hen. Der Applaus aus dem asylfeindlichen Lager dürfte ihm sicher sein. Mehr als fraglich dagegen ist, ob seine Thesen auch in der Lehrerschaft Zustimmung finden." [15]Diesen Kommentar schrieb Gert Glowinski in der "Mitteldeutschen Zeitung" in der Wochenendausgabe des 7/8. November 2015 und er beschwor eine heftige Debatte unter den Lesern herauf, die nicht nur zeigte, wie tief die Gesellschaft in dieser heiklen Frage gespalten ist, sondern auch die Einstellung vieler Journalisten verdeutlichte: Im Zweifel immer links, unabhängig von der Realität, die vielen Akteuren der schreibenden Zunft, die das Kesseltreiben gegen mich anheizten, längst über den Kopf gewachsen zu sein scheint. Aber auch die "Mitteldeutsche Zeitung" bestätigt indirekt durch ihre Berichterstattung, wohlweislich erst nach den Ereignissen von Köln, dass ich Recht hatte und die Wirklichkeit viel schmerzhafter ist, als selbst ich sie wahrhaben wollte. Aber die Menschen in unserem Lande haben sich eben nicht in Scharen dieser bewusst geschürten Empörungskampagne der publizierenden Willkommenskultur- Pfleger in den Redaktionen und Studios angeschlossen, weil sie ganz nüchtern mit ungestörter Wahrnehmung und gesundem Menschenverstand die Dinge betrachten, die angeblich eine "Welle des Protestes" auslösten. Diese Welle hat es nie gegeben, sie wurde wie eine Chimäre von Medienvertretern heraufbeschworen. So erntete Glowinski dann auch einen heftigen Sturm der Empö-

---

[15] Gert Glowinski: „Beschämend!", in: Mitteldeutsche Zeitung, 07/08.11.2015, S. 4

rung, und es fiel der Redaktion offensichtlich schwer, Leserbriefe zu finden, die in des Journalisten Jagdhorn auf mich bliesen. Der bereits zitierte F. M. Hoffmann wirft Glowinski vor, er komme seiner objektiven Informationspflicht nicht nach. Dieser Kommentar erkläre das Geschehen nicht, sondern lasse *"lediglich der Entrüstung seines Urhebers freien Lauf. Eine Verhaltensweise, die auch die eingangs erwähnten Schnellschüsse der Parteioberen des Landes in auffälliger Übereinstimmung mit den überregionalen Medien kennzeichnet."* Katrin B. aus Bernburg empfiehlt Glowinski die Lektüre mehrerer "EMMA"-Artikel: *Da können Sie nachlesen, dass ein Baumarkt im bayrischen Karlshuld, 'neben dem ein Erstaufnahmelager seine Zelte aufgeschlagen hat', seit Monaten eine Spezial-Security eingesetzt hat, 'weil die weiblichen Kunden auf dem Weg vom Parkplatz zum 'Ficken' aufgefordert werden' Eine Ihrer Berufskolleginnen hat sauber recherchiert und über nicht zu leugnende Fakten berichtet, was ich in Ihrem Kommentar leider vermisse. Beschämend für Sie!!!"* Bereits am Dienstag, dem 10. November, wurde der Sturm der Entrüstung gegen Glowinskis Text von der Redaktion der "Mitteldeutschen Zeitung" aufgegriffen und partiell dokumentiert – das spricht für den bemerkenswerten, aber eigentlich selbstverständlichen Versuch, Meinungspluralität öffentlich zu respektieren. Dabei wurde nicht auf ein großes Foto verzichtet, auf dem Harmonie zwischen lernwilligen Flüchtlingen und ihren Deutschlehrern gezeigt wurde. Das kann man auch als manipulatorischen Missbrauch deuten; beeindruckte viele Leser sowieso kaum, denn sie ließen ihrem Zorn gegen Glowinskis Artikel freien Lauf: *"Der Kommentar ist für mich nicht nur beschämend, sondern unerträglich. In Ihrer Zeitung ist immer weniger eine objektive Berichterstattung gegeben",*[16] wirft Andreas W. dem Journalisten vor und Günter F. bringt es auf eine knappe Formel: *"Verbandschef Mannke der Hetze zu bezichtigen, ist selbst Hetze. Was ist das für eine Politik, die Politiker zu Angriffen gegen die Meinungsfreiheit verleitet? Jeder, der nicht in Merkels Willkommenskultur passt und diese bunten Mätzchen nicht mitmacht, ist rechts."*[17] Ausführlicher argumentiert Dr. Uta Eichentopf, wenn sie konstatiert, dass das Recht auf freie Meinungsäußerung nicht mehr zu den Grundwerten unserer Gesellschaft zu gehören scheint: *"Um eine sachliche Bewertung zum erwähnten Artikel abgeben zu können, sollte man ihn in seiner Gänze lesen und nicht nur die Passagen zitieren, die Herrn Glowinski veranlassen, den Inhalt in die Nähe von Pegida-Propaganda zu rücken. Die Ängste, von denen hier die Rede ist, sind ganz reale Ängste von Eltern und verantwortungsbewussten Lehrern. Doch sachliche Diskussionen sind nicht mehr erwünscht und die Bedenken einer Mehrzahl von Bürgern werden nicht wahrgenommen. Mit der Keule 'Hetze', 'Vorurteile' und nicht zuletzt 'Nazi' kann man jede Diskus-*

---

[16] „Hetze oder Volkes Stimme?", Leserzuschriften in Mitteldeutsche Zeitung, 10.11.2015, S. 3

[17] ebenda

sion im Keim ersticken. Ich finde es sehr bedauerlich, dass die ernste und nicht unbegründete Sorge der Lehrerschaft um ihre Schüler auch in der Mitteldeutschen Zeitung so diskreditiert wird."[18] Glowinski muss wegen des heftigen Sturmes der Entrüstung gegen ihn so unter Druck geraten sein, dass er sich schon am gleichen Tag bei den „lieben Kritikern" zu rechtfertigen versucht. Aber auch diese in der Mitte der Zuschriften platzierte und eingerahmte Stellungnahme zeigt, dass er weiterhin unbeeindruckt seinen Überzeugungen frönt: Ich könne keine Fakten liefern, auch die Leser seien dazu nicht in der Lage, und Gerüchte und Hörensagen schürten nur weiter Ressentiments gegen die Asylanten. Und dann verdreht er die Intention seines eigenen Kommentars: *„In einigen Zuschriften war zu lesen, ich hätte Herrn Mannke als rechtsextrem oder ausländerfeindlich bezeichnet. Das stimmt so nicht. Aber seine Thesen und seine Wortwahl sind natürlich geeignet, in diesen Kreisen Zustimmung zu finden. Daran muss er sich messen lassen."*[19] Bin ich in seinen Augen also doch ein Goebbels-Jünger? Mit seiner Darlegung spricht mich der Redakteur jedenfalls nicht frei vom Vorwurf, ich würde den Rechtsextremen das Wort reden. Und dann folgt bei ihm der Akt der eigenen Reinwaschung mit dem erhobenen pädagogischen Zeigefinger: *„In diesem Fall wird Jürgen Mannke zum Kronzeugen für diejenigen, die Vorurteile gegen Flüchtlinge*

---

[18] ebenda
[19] Gert Glowinski: „Liebe Kritiker!", in: Mitteldeutsche Zeitung, 10.11.2015, S.3

gezielt in die Welt setzen. Das darf nicht unwidersprochen bleiben. Gerade nicht von Journalisten."[20] Man könnte meinen, Karl-Eduard Schnitzlers Stimme mit pastoralem Unterton sei im "Schwarzen Kanal" aus der Gruft unsäglicher, stalinistischer Propaganda zu hören. Aber die meisten Leser ließen sich von diesem Beschwichtigungsversuch, der so richtig in die berühmte Hose ging, nicht beeindrucken und verteidigten meine Äußerungen weiter. Dr. Wolfram Tänzer aus Merseburg schätzt ein, dass meine Äußerungen einen hohen Wahrheitsgehalt aufweisen: *"Auch, wenn zahlreiche Gerüchte und unzutreffende Geschichten im Zusammenhang mit der Einwanderung ausländischer Bürger verbreitet werden, so sollten Sie als Medienvertreter doch eher mal auf die Stimme des Volkes hören und das, was da zu hören ist, seriös überprüfen. Dann würden Sie feststellen, dass an dem, was Dr. Mannke geäußert hat, Tatsachen zu finden sind, die man zunehmend nicht mehr ignorieren kann."*[21] Doch, man kann: Ralph T. fordert von mir schier Unmögliches: *"Selbst wenn in der Bevölkerung manche Dinge in Bezug auf die Kriegsflüchtlinge so wahrgenommen werden, wie Herr Mannke es vermutet, wäre es Aufgabe eines Pädagogen – besonders in so exponierter Stellung – aufzuklären und nicht durch das unreflektierte Wiederholen und Verbreiten von Vorurteilen, Angst und Hass wei-*

---

[20] ebenda
[21] „Hetze oder Volkes Stimme?", Leserzuschriften in: Mitteldeutsche Zeitung, 10.11.2015, S. 3

ter zu schüren."[22] Davon abgesehen, dass es nicht um wirkliche Kriegsflüchtlinge geht, die unseren Schutz natürlich beanspruchen dürfen, erwartet T., dass ich lügen möge, um die Gemüter zu beruhigen. Wenn das die Mission meines Berufes sein sollte, habe ich den falschen ergriffen. Am 11. November wurde meiner "Hetze gegen Flüchtlinge" erneut eine ganze Seite mit Zuschriften gewidmet. Elisabeth S. dreht einfach den Spieß in ihrem Leserbrief um, den Glowinski gegen mich gerichtet hat: *"Für mich hat Aufklärung etwas mit Bildung zu tun. Weil sie das Flüchtlingsproblem tangiert, wird nun geforderte Aufklärung zur Hetze erklärt. Ausgerechnet Bildungspolitiker, allen voran Kultusminister Dorgerloh, reagieren mit scharfer Kritik. Dabei sind die Forderungen des Lehrerverbandes verständlich und meines Erachtens dringend notwendig. Herr Dorgerloh rät Herrn Mannke '... sich tiefergehend und vorurteilsfrei mit dem Islam und den Muslimen im Land auseinanderzusetzen'. Genau diesen Rat (Betonung liegt auf vorurteilsfrei!) möchte ich an ihn zurückgeben! Weder den Flüchtlingen noch der Bevölkerung hilft es, wenn alle Ratschläge und Kritiken, die das Asylproblem betreffen, als fremdenfeindliche und rechtsradikale Hetze verteufelt werden."*[23] (Stephan Dorgerloh war jener SPD-Kultusminister von Sachsen-Anhalt, der 2011 die Gemeinschaftsschule einführte, die es als integ-

---

[22] ebenda
[23] „Viele Wissenslücken", Leserbriefe in: Mitteldeutsche Zeitung, 11.11.2015, S. 25

rative Gesamtschule seit 1991 als Alternativangebot zum gegliederten Schulsystem ohnehin gibt. Damit hatte er für erneute Kontroversen in der Schulstrukturdebatte gesorgt.)

H. K. aus Halle empfindet eine unerträgliche Schwarz-Weiß-Ideologisierung in der Flüchtlingsfrage: *"Hier Gutmenschen und dort Nazis? Wo bleibt eine sachliche und faire Diskussion über unsere Zukunft? Ein aktuelles Beispiel ist das unerträgliche Kesseltreiben gegen den Vorsitzenden des Philologenverbandes Sachsen-Anhalt, Dr. J. Mannke. Sein ausgewogener und sachlicher Leitartikel wird zitatweise zerrissen. Wer hat den vollen Text gelesen? Ein frei gewählter Vorstand und Schuldirektor, der sich im Interesse vieler Eltern Sorgen um deutsche Schülerinnen macht, wird diffamiert und soll zum Rücktritt aufgefordert werden?"*[24] Ähnliche Gedanken teilen viele Leserinnen und Leser der Redaktion der "Mitteldeutschen Zeitung" mit: *"Beschämend ist etwas ganz anders in unserem Land. Nämlich die Beschimpfungen und Verunglimpfungen von Menschen, die anders denken als die Merkelminderheit"*,[25] schreibt Andreas G. empört und Gerlinde H. gibt zu bedenken: *"Ich kann mir nicht vorstellen, dass solch eine Persönlichkeit leichtfertig und unverantwortlich die angesprochenen Probleme sich ausdenkt oder nur mal so nachspricht."*[26]

Der Wernigeröder Initiator für ein "faires" Abitur, Winfried

---

[24] ebenda
[25] ebenda
[26] ebenda

B., verharmlost die Situation in seinem Leserbrief und wirft mir Volksverhetzung vor. Er begründet das fadenscheinig damit, dass ich *„eine ganze Bevölkerungsgruppe pauschal"* kriminalisiere, *„ohne auch nur einen einzigen Beleg für die angebliche Gefährdung deutscher Mädchen durch 'attraktive muslimische Männer' zu liefern."*[27] Wenn Herr B. aufmerksam die Berichterstattung seit dem Januar 2016 verfolgt, kann er mehr als genug davon finden. Ob er denen dann Glauben schenkt, vermag ich nicht zu beurteilen.

Ähnlich wie am 10. November kann man ein großes Foto auch am 17. dieses Monats nicht übersehen, auf dem meist weibliche (!), optimistisch in die Kamera lächelnde Migranten aus Syrien, Eritrea, dem Iran (eigentlich ein sicheres Land) und Irak im Mehrgenerationenhaus "Pusteblume" in Halle frohgemut einen Deutschkurs absolvieren. Dem Betrachter soll mit der Kraft des Bildes eingebläut werden, dass nur Familien – meist hoch motiviert und überaus integrationswillig – zu uns kommen und die Frauen völlig entspannt jene Emanzipation ausleben können, die sie in ihrer Heimat vermissten. Die vermittelte Botschaft besteht aus zwei Lügen: Der überwiegende Anteil der Flüchtlinge sind junge Männer und die Frauen werden auch in Deutschland – nicht durch die deutschen Gesetze, sondern durch die hier akzeptierten muslimischen Traditionen – unterdrückt. (Den Beweis bleibe ich in diesem Buch nicht schuldig.) In den Leserbriefen jenes

---

[27] ebenda

17. November wird eigentlich alles wiederholt, was schon in der Woche davor Gegenstand der Diskussion war. Zwei andere Aspekte, die nicht widersprüchlicher sein könnten und den Riss in unserer Gesellschaft offenbaren, sollen dennoch zitiert werden. Die LINKEN-Politikerin Roswitha Stolfa aus Halle erwartet von mir, dass ich Goethes Humanitätsidealen folgend, konzeptionelle Vorstellungen zur Integration junger Menschen in unser Bildungssystem entwickeln solle. Hilfreich wäre gewesen, wenn sie entsprechende Schriften des Dichterfürsten präsentiert hätte. Schiller und Goethe waren der Auffassung, dass die intensive Einmischung in die Politik der poetischen Schaffenskraft abträglich sei. Ich kenne jedenfalls kein solches Bekenntnis beider Genies, von dem Frau Stolfa zu berichten weiß. Bei ihr riecht es indes streng nach Missbrauch von Autoritäten. Mit ihrem gewählten Zitat *"Edel sei der Mensch, hilfreich und gut",*[28] kommen wir da nicht viel weiter, denn das steht in einem ganz anderen Zusammenhang, aber immerhin kennt diesen Spruch fast jeder und klassische Bildung ist da nicht unbedingt vonnöten. Ihr Vorwurf ist argumentativ nicht logisch und kann einer literaturwissenschaftlichen Überprüfung kaum standhalten. Solche Art unwissenschaftliche Polemisierung erinnert mich unwillkürlich an jene in den DDR-Unterrichtshilfen verbreitete Darstellung, dass Goethe im "Faust. Der Tragödie zweiter Teil" ein Bekenntnis zur Bodenreform und dem sozialistischen Men-

---

[28] „Erschreckende Vorurteile", Leserbriefe in: Mitteldeutsche Zeitung, 17.11.2015, S. 21

schen ablegt, weil der erblindete Renaissancegelehrte in seinem Lebensfazit vom freien Menschen auf freier Scholle deklamiert.

Helga S. aus Aschersleben bereitet indes die große Zahl von Asylbewerbern wirklich ernsthafte Sorgen und stellt als Mutter die Frage: *"In Afghanistan sind derzeit etwa 850 deutsche Bundeswehrsoldaten stationiert, um den Afghanen im Bürgerkrieg zu helfen. Und was machen die jungen Afghanen? Sie verstecken sich in Deutschland."*[29] Dies sind die brennenden Probleme, die unsere Menschen beschäftigen. Daraus entstehen Wutbürger, die sich für dumm verkauft fühlen. Von der Presse werden sie kaum ernst genommen und deren Fragen schon gar nicht beantwortet – jedenfalls nicht in den Tagen der Willkommenshysterie.

Neben dem Foto von den fröhlich lernenden Flüchtlingen existiert in jener Ausgabe vom 17. November eine Randspalte "Meinungen", in der man sich mit den seinerzeit aktuellen Anschlägen von muslimischen Terroristen in Paris auseinandersetzt, bei denen über 130 Unschuldige ihr Leben verloren. Kurt E. aus Zeitz artikuliert seine tiefe Betroffenheit und kritisiert gleichzeitig die manipulierenden Medien: *"Als Erstes meine aufrichtige Anteilnahme und mein Beileid dem französischen Volk. Schlimmer geht es wohl nicht mehr. Es ist eine Katastrophe. Und der ach so tolerante und weltoffene Islam zeigt wieder*

---

[29] ebenda

einmal sein wahres Gesicht. Ich warte nur auf die nächsten Tage und die mediale Offensive, die uns mit den bekannten Vorzeigemuslimen erklären wird, dass wieder einmal keine Zusammenhänge bestehen."[30] Werner A. aus Mörfelden-Walldorf ergänzt: *„Auch, wenn bisher kein Zusammenhang erwiesen ist, wie kann die deutsche Regierung aus so einer hochexplosiven Region, wie es der Nahe Osten derzeit ist, Menschen teilweise unregistriert und unkontrolliert in den Schengenraum einreisen lassen? Dies halte ich für fahrlässig und verantwortungslos gegenüber der europäischen Bevölkerung."*[31] Im Lessingschen Sinne der Aufklärung frage ich: Journalisten meiner Nation, muss ich mich noch deutlicher erklären?

---

[30] „Allianz gegen den Terror", Meinungen, in: Mitteldeutsche Zeitung, 17.11.2015, S.21
[31] ebenda

„Wir müssen unmissverständlich klarmachen, dass diejenigen, die zu uns kommen, sich unseren Grundwerten anzupassen haben und nicht umgekehrt." (EDITORIAL)

Wo strandet das hohe Gut der Meinungsfreiheit?

"Sebastian Striegel hat schon manche Gefühlswallung im Landtag ausgelöst. Quasi seit seinem ersten Tag im Parlament ist der Grüne für die Schwarzen ein rotes Tuch. Es hat lange gedauert, aber gestern konnte die CDU zurückschlagen. Nach dem Zwischenruf eines Christdemokraten, der Striegel 'Zündelei' vorwarf, verlor der Hallenser die Fassung, schüttelte drohend den Zeigefinger zur CDU und brüllte mit hochrotem Kopf:' Ich bin nicht bereit, mir das hier vorwerfen zu lassen! Was soll das? Unglaublich!"[32]

Eigentlich sollte es am 13. November 2015 in einer Aktuellen Debatte "Keine Toleranz gegenüber rassistischer und rechter Gewalt in Sachsen-Anhalt" um den Anstieg von rechtsradikal motivierten Straftaten und Morddrohungen gegen Politiker gehen. In Wirklichkeit wurde die Frage in den Fokus gerückt, bis zu welchem Grade Meinungsfreiheit in diesem Lande toleriert werden sollte. Der ursprüngliche Antrag wurde von der LINKEN-Fraktion eingebracht. In dessen Begründung wurde u. a. verlangt, scharf gegen *"verhetzende Behauptungen über Geflüch-*

---

[32] Kai Gauselmann: "Besorgte Politiker", in: Mitteldeutsche Zeitung, 14.11.2015, S.2

tete und deren vermeintliche Verfehlungen"[33] vorzugehen. In diesem Zusammenhang kam auch die Sprache auf meinen Leitartikel, denn in diesen Tagen war die öffentliche Diskussion darüber in Presse, Rundfunk und Fernsehen deutschlandweit noch in vollem Gange. Wulf Gallert, Fraktionschef der Linken, warf mir – aus seiner ideologischen Sichtweise nur folgerichtig – geistige Brandstiftung vor:
"Unsere gemeinsame Pflicht geht aber weiter. In einer solch aufgeheizten Situation kann man die Stimmung von Bedrohung und Angst als Futter für Hass und Gewalt entweder unterstützen oder verhindern. Ich sage mit aller Deutlichkeit, der Leitartikel des Chefs des Philologenverbandes hat mit ganz klaren Worten und Begriffen Hass und Gewalt ideologisch unterstützt. Deswegen müssen wir uns damit auseinandersetzen ... Ich kann mit dem Satz – der Chef des Philologenverbandes hat hier und da vielleicht einen falschen Begriff verwendet, aber ansonsten hat er doch eine wirklich wichtige Diskussion angestoßen – nicht viel anfangen. Welche Diskussion stoße ich mit antimuslimischen Stereotypen an, mit Vorurteilen, mit Hörensagen? Deswegen ist es richtig, dass sich viele in diesem Land und auch der Kultusminister kritisch und eindeutig von diesen Äußerungen distanziert haben." [34]Für die LINKEN und GRÜNEN erwies sich ihre oberflächliche Agitation und jene wie ein

---

[33] ebenda
[34] Wortlautprotokoll der Sitzung des Landtages von Sachsen- Anhalt, Magdeburg, 13.11.2015

Mantra penetrant wiederholte Litanei von antimuslimischen Stereotypen und den bösen Vorurteilen angesichts der Übergriffe in der Silvesternacht von Köln als völlig weltfremd. Lasse ich Menschen monatelang allein in einem Asylbewerberheim mit NICHTS an Beschäftigung, Zerstreuung und Erbauung, dann spielt Herkunft und Hautfarbe überhaupt keine Rolle mehr. Die dominanten Männer dieser Zwangsgemeinschaft können dann auch aggressiv werden, weil sie ihre menschlich verständlichen Bedürfnisse nicht einmal ansatzweise ausleben können. Über 70 % der Flüchtlinge sind allein reisende junge Männer, die Presse hat das in den September- und Oktobertagen der Willkommens-Euphorie meist verschwiegen. In den Flüchtlingsunterkünften kommt es regelmäßig zu Auseinandersetzungen in unterschiedlichsten Formen, Solidarität untereinander spielt nicht allzu oft die große Rolle, sondern vielmehr das Ausleben von aus den Heimatländern mitgebrachter Intoleranz. Heinz Buschkowsky (SPD), 13 Jahre lang Bürgermeister des Bezirkes Berlin-Neukölln, spricht in einem Interview in der Zeitung "Die Welt" vom 10.10.2015 genau diese Probleme an:

"Es gibt halt Sachen, die haben nichts mit Herkunft oder Religion zu tun. Es sind nur die Triebe der Natur. Haben Menschen keine Chance, Geld zu verdienen, dann muss die Gesellschaft ihnen welches geben. Tut sie es nicht, dann werden sie sich das nehmen, von dem sie glauben, dass es ihnen zusteht.
Die Welt: In den Erstunterkünften kommt es bereits häu-

figer zu gewalttätigen Auseinandersetzungen.
Buschkowsky: *Wo Hunderte von Menschen auf engstem Raum ohne Intimsphäre aufeinander hocken, liegen die Nerven blank. Es genügt ein falsches Wort oder ein schiefer Blick, um eine Prügelei auszulösen. Die Mehrheit reagiert brutal. Christen werden gemobbt. Sie dürfen nicht mehr in die Küchen, weil sie dort Schweinefleisch zubereiten. Salafisten kommen in die Unterkünfte und verteilen Lebensmittel – aber nur an Glaubensbrüder. Bei jungen Männern sind eben Muskeln Trumpf, um sich abzureagieren. Toleranz ist ungeübt und nicht angesagt."*[35]
Wer also allen Ernstes glaubt, dass sich Integration schon irgendwie von selbst regelt, befindet sich nicht nur auf dem Holzweg, sondern in einer gefährlichen Sackgasse. Wenn besorgte Menschen sich dazu in Wort und Schrift kritisch äußern, stürzt sich gleich eine ganze Armada von realitätsfernen Gutmenschen auf sie.
Angeprangert wurde in meinem Falle ein an sich bedeutungsloser und nicht wirklich intellektueller Text, in dem wirklich nichts steht, was sich als Hetze auslegen lässt. Dass er solch einen Shitstorm provozierte, mag auch der gläubigen Hysterie geschuldet sein, mit der im vergangenen Herbst viele Journalisten der Flüchtlingsproblematik begegnet sind. Selbst mit bösartigster Intention ist aus diesem Artikel, schon gar nicht mit "*ganz klaren Worten*" (Wulf Gallert), zu aufstachelndem Hass oder ein Aufruf

---

[35] Heinz Buschkowsky: "Am Ende steht doch wieder die Gettoisierung", Interview von Claudia Ehrenstein, Karsten Kammholz, veröffentlicht am 10.10. 2015 in: "Die Welt"

zur Gewalt herauszulesen. Eine solche freie Auslegung führt von der eigentlichen Intention des Beitrages weit weg. Was für den linken "*Frauenversteher*" (so hatte er sich im sachsen-anhaltischen Wahlkampf 2016 selbst präsentiert) und gleichgesinnte Presseleute möglicherweise wünschenswert wäre und in diesem Sinne verlautbart wurde, grenzt schon an Demagogie.

Und Sebastian Striegel? Den heutigen Abgeordneten für die Fraktion BÜNDNIS 90/DIE GRÜNEN unterrichtete ich eine Zeit lang im Fach Geschichte am Merseburger Domgymnasium. Striegel fiel bereits in der Schule aufgrund seines ungewöhnlichen Verhaltens bei Lehrern und Mitschülern meist nicht sehr angenehm auf. Wer nicht seine gelegentlich zum Anarchismus tendierende Haltung teilte, geriet in den Fokus harscher Kritik. Sein ungebremster Aktionismus in Sitzblockaden, seine verbalen Anfeindungen gegen Polizisten, die angeblich die "Rechten" schützen und zu hart gegen die Antifa vorgehen, seine oft unsachlichen Attacken gegen Andersdenkende – darunter sind garantiert sehr wenige Rechtsradikale – haben ihm nicht unbedingt den Ruf als maßvollen Politiker eingebracht. Bereits als Jugendlicher war er von einem nahezu unbeugsamen Missionseifer beseelt. Im Juni 1998 verdarb er einmal den "Sommernachtsball" des Domgymnasiums, indem er eine Gruppe herumlungernder Skinheads in der Stadt solange provozierte, bis die ihn wütend auf das Schulgelände verfolgten. Nur das beherzte Eingreifen mehrerer Lehrer verhinderte Schlimmeres. Der Verursacher dieser Auseinandersetzung hatte sich indes längst aus dem Staube gemacht. Während seiner Schulzeit leitete ich mehrere Jahre lang das Projekt "Auf den Spuren Oskar Schindlers". In dieser von „Intercontact" ins Leben gerufenen Bildungsfahrt besuchten wir unter anderem das Vernichtungslager Auschwitz-Birkenau und hatten tief beeindruckende Begegnungen mit dem ehemaligen Häftling Tadeusz Zalewski, der bis zu seinem Tode Vorsitzender des Internationalen Auschwitz-Komitees war. Dieses Engagement und mein klares Bekenntnis gegen Nationalsozialismus, stalinistische Diktaturen, Terror und Gewaltherrschaft scheint Sebastian längst vergessen zu haben; wie in Amnesie versunken, bezichtigt er mich in seiner Rede vor dem Landtag rechter Gesinnung:

"Der Thüringen-Monitor hat vor wenigen Tagen die Erkenntnis erbracht, dass 25 % der Bevölkerung in Thüringen rechtsextreme Einstellungen haben. Es gibt keine Hinweise darauf, dass das in Sachsen-Anhalt wesentlich anders ist. Angesichts der in der letzten Woche bekannt gewordenen Entgleisungen zweier Vorsitzender des Philologenverbandes zeigt sich in erschreckender Klarheit, dass kulturrassistische Ressentiments, Sexismus und neurechte Ideologieelemente bei Weitem kein Privileg der Dummen sind. Sie finden in der aktuell zugespitzten Situation auch Platz in der öffentlichen Argumentation formal hochgebildeter Menschen, denen es aber offenbar an Herzensbildung und einer tatsächlich gelebten Praxis

universaler Menschenrechte fehlt."[36] Diese Verlautbarung zeigt tiefe Missachtung meiner Arbeit als Lehrer im Sinne eines humanistischen Menschenbildes. Wie wenig mich dieser Mensch kennt, zeigt schon sein Vorwurf, in meiner Lehrertätigkeit mangele es mir an *"Herzensbildung"*. Tausende Schülerinnen und Schüler werden genau das Gegenteil behaupten. Das EDITORIAL in der Philologenzeitschrift hat auch mit Kulturrassismus nichts zu tun, der mir von Striegel vorgeworfen wird. Ansichten und Überzeugungen, die Kultur als unveränderbar begreifen, und in deren Konsequenz andere Kulturen verunglimpft werden, werden als kultureller Rassismus bezeichnet. Das Vergleichsmoment zwischen dem kulturellen und dem längst widerlegten ethnischen und genetischen Rassismus ist die Ablehnung des Fremden, entstanden aus der Angst um die Infiltration und Vermischung verschiedener Kulturkreise. Eine Haltung, die darauf basiert, widerspricht vollkommen meinen Überzeugungen, denn in der globalen Welt kann sich eine von „Kulturassisten" – wo immer auch die zu finden sein mögen – gewünschte Abschottung und Reinhaltung der eigenen Kultur glücklicherweise nicht durchsetzen. Nach meiner Auffassung tragen integrierte Elemente anderer Kulturen in unsere abendländisch-christlich geprägte viel eher zur Bereicherung bei. Ich verehre zum Beispiel den Nobelpreisträger Albert Camus, ein Franzose, der aus

---

[36] Wortlautprotokoll der Sitzung des Landtages von Sachsen- Anhalt, Magdeburg, 13.11.2015

Algerien stammte. Ich schätze den US-amerikanischen Schriftsteller Bernard Malamud, der ostjüdische Wurzeln hat. Unendlich lang könnte ich diese Reihe von Autoren fortsetzen. Besonders die Musik ist hier ein beredtes Beispiel. Eine meiner Lieblingsplatten ist "No Quarter" unter Leitung der Led-Zeppelin-Legenden Jimmy Page und Robert Plant, wo nordafrikanische Musiker den Einspielungen ihren einmaligen Charakter verleihen. Mit dieser wunderbaren Art von Integration habe ich garantiert keine Schwierigkeiten, ganz im Gegenteil. Ein Problem habe ich erst dann, wenn Menschen zu uns kommen, die einerseits für unsere traditionellen Werte nur Hohn und Verachtung übrighaben, aber sich andererseits als sehr bewusste Nutznießer unserer wirtschaftlichen Stärke, sozialen und demokratischen Errungenschaften erweisen.

Im so scharf von Linken und Grünen kritisierten Editorial aus meiner Feder geht es keineswegs um die Diskriminierung einer anderen Kultur oder die Abschottung der abendländischen von anderen Einflüssen, sondern um die Frage, wie Männer in einer besonders schwierigen Situation zurechtkommen sollen, die als Neuankömmlinge keine wirkliche Vorstellung von unseren ethischen Werten haben können. Leider zeigen die zahlreichen Berichte von sexuellen Übergriffen, die seit Januar 2016 eben nicht mehr totgeschwiegen werden, dass es da ein echtes Problem gibt, das man nur in offenem Diskurs, in gegenseitiger Aufklärung also, lösen kann. Mit dem auch gegen mich verwendeten primitiven Begriff „Nazi-

Schwein" gegen all diejenigen, die solche Schwierigkeiten in der Begegnung von muslimischen Männern und europäischen Frauen benennen, ist niemandem geholfen. Aufklärung ist bitter notwendig. Sie gibt den Menschen Orientierung, die aus anderen Kulturen in unser Land kommen und dient gleichzeitig als erzieherisch-pädagogische Möglichkeit für unsere Schülerinnen und Schüler, sich mit dem Frauenbild in muslimischen Ländern vertraut zu machen. Wer das nicht will, handelt verantwortungslos. Und auch hier zerbröselt wieder einmal die Scheinrealität, in der manche Leute leben und uns glauben machen wollen, die Einwanderer fügten sich naht- und problemlos in unseren Kulturkreis ein. Aber wenn man sich die Welt so malt, wie sie einem gefällt und alles, was nicht in die Vorstellung dieser engstirnigen Ideologen passt, als Nazipropaganda oder rechtes Gesinnungspotenzial brandmarkt, dann muss man sich nicht wundern, wenn sich die Menschen scharenweise von Linken, Grünen und der SPD abwenden, wie es in Sachsen-Anhalt am 13. März 2016 zur Landtagswahl geschehen ist.

Der in der "Mitteldeutschen Zeitung" beschriebene Eklat zeigt, dass viele Abgeordnete mit großem Unmut die Ausführungen von Striegel begleiteten. Andre Schröder, heutiger Finanzminister und seinerzeit Fraktionsvorsitzender der CDU, brachte das wirkliche Problem, was die Menschen in Deutschland sehr bewegt, auf den Punkt:

"Es geht natürlich auch um die Frage: Welche Folgen hat denn meine Meinungsäußerung, vor allen Dingen dann,

wenn ich meine Meinung straffrei äußern kann? Wann fängt denn nun Hetze, konkret rassistische Hetze, an? – An dieser Stelle scheinen die Akzente und die Meinungen in diesem Haus etwas auseinanderzugehen. Ich frage: Verstärken wir die Ängste und Sorgen nur deshalb, weil wir ihnen in der politischen Debatte einen Raum geben, wie dies Wolfgang Schäuble tut? Ist zum Beispiel der Magdeburger Oberbürgermeister ein Anheizer und Brandstifter, nur, weil er die Belastungsgrenze der Kommune aufzeigt? Ist ein Rassist, wer von Ausländern begangene Straftaten auch als solche benennt? Provokant kann man fragen: Kann denn der Vorwurf der Hetze möglicherweise selbst zur Hetze werden? Diskutieren wir die kritikwürdige Wortwahl des Vorsitzenden des Philologenverbandes, wie hier mehrfach getan? Sprechen wir ihm die Herzensbildung ab, wie Kollege Striegel dies getan hat? Oder nehmen wir auch zur Kenntnis, wie sich der Schülerrat und der Schulelternrat verhalten haben, die sich vor ihren Gymnasiallehrer und Schulleiter gestellt und ebenfalls von einer Hetze gesprochen haben? Gehört es nicht in einer Debatte wie der heutigen Debatte dazu, beides wenigstens in den Blick zu nehmen? – Es macht mich betroffen – ich will das ganz ausdrücklich sagen, weil dieser Vergleich so hinkend und so schmerzhaft ist –, wenn mir Bürger offen sagen, sie fühlten sich wieder an DDR-Zeiten erinnert. (Zustimmung bei der CDU – Herr Striegel, GRÜNE: Das ist Käse!) Damals gab es eine Diskurshegemonie nach dem Motto: Wir müssen ja alle für den Weltfrieden sein. (Unruhe) Ich weiß, dieser Vergleich stimmt nicht. Viele fragen aber: Was darf man denn in Deutschland noch sagen? Herrschen wirklich Sprech- und Denkverbote in öffentlichen Debatten? Existiert eine gedankliche Bevormundung? – Es macht mich nachdenklich, wenn es auch diese Stimmen gibt. Wir können ja dazu anderer Meinung sein. Aber ich sage ganz deutlich: Ein Klima der Alternativlosigkeit, eine Gängelei des Sprechens, eine Tabuisierung von Themen, ein Ausfiltern von Protest – dies alles wäre ganz und gar etwas Undemokratisches ..."[37]

Genau das ist der Punkt, an dem sich die Geister scheiden: Meinungsfreiheit gegen Gesinnungslumperei.

Wie viel Kritik verträgt unsere Demokratie?

Für ein bundesweites Aufsehen sorgte der Austritt des ehemaligen sächsischen Justizministers, Steffen Heitmann, aus der CDU. Neben harscher Kritik an Bundeskanzlerin Angela Merkels Flüchtlingspolitik (*"Die von Ihnen geführte Koalition erweist sich in einer nationalen Krise als handlungsunfähig."*) geht der Ex-Minister mit der Berichterstattung über diese Entwicklung scharf ins Gericht: *"Die politisch korrekte Schönrednerei der meisten Medien, besonders der öffentlich-rechtlichen, kann die tatsächliche Situation, die als eine schleichende Selbstaufgabe unseres Gemeinwesens erscheint, nicht mehr überdecken ... Ich habe mich noch nie – nicht einmal in der DDR – so fremd in meinem Land gefühlt."*[38]

---

[37] ebenda
[38] Steffen Heitmann: "In einer nationalen Krise handlungsunfähig", in: Die Welt, 02.12.2015

Warum wird tabuisiert, dass es in Deutschland brodelt und es nicht allzu viel Zustimmung für den Satz gibt: „Der Islam gehört zu Deutschland."? Grüne und Linke wundern sich gerade, dass sich viele wahlberechtigte Deutsche der AfD zuwenden, obwohl doch klar zu erkennen ist, dass diese manchmal schwer erträgliche Anbiederei an die ankommenden Muslime (die das möglicherweise selbst verwundert) die Mehrheit der Menschen nicht begeistert und der "Alternative für Deutschland" eine willkommene Steilvorlage bietet. Was eine deutsche Übertreibungs-Willkommenskultur an paradoxen Blüten treibt, deutet Heinz Buschkowsky nur an und er könnte mit seinem Erfahrungsschatz aus Berlin-Neukölln sicher viele Seiten mit solcherlei Aufzählungen füllen: *"Ein SEK-Kommando, das eine Tür aufbricht und mit Maschinenpistolen im Anschlag auf Socken im Wohnzimmer steht, sieht einfach albern aus. Hausmeister sollen keine Glühbirnen in der Sporthalle wechseln, wenn Mädchen darin turnen; Lehrer keine Leberwurst auf den Pausenbroten haben, um nicht die religiösen Gefühle zu verletzen. Der Weihnachtsmarkt wird zum Wintermarkt, um die Muslime nicht zu beleidigen. In der Schulfibel tragen kleine Mädchen Kopftuch. Diese Aufzählung ist beliebig verlängerbar. Das sind aber keine kulturellen Inspirationen, sondern der Kampf um die Dominanz im öffentlichen Leben ..."*[39] Steckt hinter solchen Eskapaden noch immer

---

[39] Heinz Buschkowsky: "Am Ende steht doch wieder die Gettoisierung", Interview von Claudia Ehrenstein, Karsten Kammholz, veröffentlicht am 10.10. 2015 in: Die Welt

das braune Gespenst der permanenten gesellschaftlichen Schuldgefühle und ewigen Traumatisierung, was einer freien Debatte die Luft nimmt? Wird es nicht endlich Zeit, den jetzt lebenden Generationen, die meist nach dem 2. Weltkrieg geboren wurden, diese kollektive Bürde zu nehmen? Es geht doch gar nicht darum, die nationalsozialistischen Gewaltverbrechen in Vergessenheit geraten zu lassen, zu verharmlosen oder gar zu leugnen. Weshalb wählt Andre Schröder den Vergleich mit der DDR-Indoktrination? Vielleicht auch deshalb, weil viele ehemalige Bürger des „Arbeiter- und Bauernstaates" diese Verdummungskampagnen einfach nicht mehr ertragen wollen. Durch die 40 Jahre lang gleichgeschaltete SED-Presse sind die gelernten DDR-Bürger besonders empfindlich, wenn sie glauben oder wissen, in den Medien belogen zu werden. Es ist unerträglich, eine Hetze gegen jene zu veranstalten, die nicht vorbehaltlos eine wie auch immer geartete "reine Lehre", in unserem Falle der unkritischen Zustimmung zum Multikulti-Mainstream, gutheißen, die unter diesem Schatten der ewigen Schuld der Deutschen geboren wurde. Wenn man auf diese Weise der Verklärung von Problemen den Kopf in den Sand steckt, lassen sich damit die großen Herausforderungen der kommenden Jahrzehnte ganz sicher nicht lösen.
Offenheit, Ehrlichkeit, auch wenn die Wahrheit bitter schmeckt, das ist der Weg, um Menschen in Deutschland

für eine aktive Teilnahme an Integration zu gewinnen. Heinz Buschkowsky prognostiziert mit Augenmaß und stellt dann die entscheidende Frage: *"Die Zahl der Muslime wird sich verdreifachen oder vervierfachen. Ihr politisches und gesellschaftliches Gewicht wird also zunehmen. Irgendwann werden sie politische Parteien gründen, um ihre eigenen Interessen durchzusetzen. Der Druck, religiöse Riten als offiziellen Bestandteil im gesellschaftlichen Leben zu etablieren, muss in einer Gesellschaft, die säkular aufgestellt ist, natürlich zu einem Spannungsfeld führen. Da sind der Ruf des Muezzins und islamische Feiertage bereits Nebenkriegsschauplätze. 'Dies ist ein christliches Land der westlichen Welt, hier läuten die Glocken, und der Muezzin ruft im Morgenland' wird als alleiniges Argument nicht mehr hinreichen. Eine Minderheit von vier Prozent im Volk hat Rechte. Bei einem Anteil von mindestens 15 Prozent im Jahr 2020 haben die Muslime aber ein völlig anderes Selbstwertgefühl und Selbstbewusstsein. Die Frage lautet also, ist die deutsche Gesellschaft bereit, sich in einen anderen kulturellen Kontext drängen zu lassen. Eine gute Aufgabe für die nächste Politikergeneration."* [40]

„Eine Immigranteninvasion überschwappt Deutschland, die viele Bürger mit sehr gemischten Gefühlen sehen" (EDITORIAL)

---

[40] ebenda

Das Heerlager der Heiligen
Abendland in Teufels Hand

"*Eines Nachts landen hundert Schiffe mit letzter Kraft an der Südküste unseres Landes, beladen mit einer Million Einwanderern. Vom Elend gezeichnete Armutsgestalten ..., angelockt vom Versprechen eines gelobten Landes, in dem Milch und Honig fließen. Sie sind extrem mitleiderregend. Sie sind schwach. Sie sind unbewaffnet. Ihre Stärke liegt in der Zahl.*" [41]Der heute 90-jährige französische Autor Jean Raspail schrieb mit dem Roman "Das Heerlager der Heiligen", bereits 1973 publiziert, 1985 auch in gekürzter Fassung in deutscher Sprache erschienen und im Jahr 2015 vollständig übersetzt, ein heftig umstrittenes prophetisches Werk mit apokalyptischen, albtraumhaften Zügen.

Die Sorgen und Nöte der Ankömmlinge – eine Million Erbarmungswürdiger sind nur die ersten Flüchtlinge aus Indien, in dem eine entsetzliche Hungersnot diese Menschen zur Flucht treibt – sind verständlich und die Ankömmlinge werden von Raspail auch nicht stigmatisiert. Die am Ostersonntag an der südfranzösischen Küste gelandete Flotte wird in Europa hilfsbereit aufgenommen, Kirchen und Linke zelebrieren eine bisher nie da gewesene Willkommenskultur. Die Elendsflüchtlinge steigerten sich während der Überfahrt immer weiter in eine hoffnungsvolle Illusion hinein, dass sie in Europa das Para-

---
[41] Doris Neujahr: "Die europäische Tragödie", in: Junge Freiheit, Kultur, Nr.34/15, 14.August 2015, S.13

dies erwarte und die reichen Bewohner unseres Kontinents diese Hilfsbedürftigen aus ihrem Elend erlösen werden. Die Westeuropäer, *„regressiv, infantil und realitätsblind geworden, reagieren auf diese bevorstehende Invasion mit einem humanitären Taumel, in den sich jedoch ein erkleckliches Maß an Heuchelei und Feigheit mischt. Die Presse und Politiker fordern, unsere >Brüder vom Ganges< mit offenen Armen aufzunehmen, und etliche unter ihnen glauben, dass sich nun eine >neue Form des globalen Sozialismus< ankündigt."* [42] So schreibt Martin Lichtmesz, der Übersetzer des Romans, der von Gegnern als "rechter Spinner" beschimpft wird.

Die parabolischen Szenen des Buches sind oft skurril, erschreckend und makaber geschildert, als Leser fühlt man sich in beklemmender Weise an die täglich in der Presse geschilderten tragischen Ereignisse an den Küsten des Mittelmeeres erinnert.

Wie kann man mit den Millionen Entwurzelten umgehen? Es wird im Roman schnell klar, dass es sich hier nur um die Vorhut einer gewaltigen Einwanderungsbewegung handelt. Soll man die Schiffe zum Halten auf dem offenen Meer zwingen oder sie gar versenken? Nimmt man sie alle auf, die da kommen, ist Europa hoffnungslos überfordert. Der französische Staatspräsident erkennt die Gefahr und will in verzweifelter Entschlossenheit die Landungen verhindern. Aber er findet keine Unterstützer, alle sind gegen ihn: seine Minister, die Kirchen, die Links-

---

[42] ebenda

intellektuellen, natürlich auch die Gewerkschaften. Die Bevölkerung wirkt betäubt, wie gelähmt verfolgt sie die Ereignisse nahezu tatenlos und ohnmächtig. Die linkslastigen Medien sind natürlich auf der Seite der Ankömmlinge. Sie problematisieren lieber die drängende Frage, wie die Regierenden das Elend auf den Schiffen zu lindern gedenken und verunglimpfen das nationale Eigeninteresse als schwerste Menschenrechtsverletzungen. Lediglich eine kleine „rechte" Zeitung wagt es, die Wahrheit zu schreiben, die Ausgabe wird durch einen Streik der Drucker im letzten Moment noch verhindert. Die Kirchen verlieren seit geraumer Zeit ihre Anhänger. Da kommt die unerwartete, so trostlos erscheinende Elendsflotte gerade rechtzeitig und *"dreitausendzweihundertundsiebenundsechzig Pfarrer kritzeln in diesem Moment fieberhaft eine Predigt für den nächsten Tag ..."*[43] (Jean Raspail). Natürlich entdecken auch die Schulen das Drama an der Küste für sich und über dreißigtausend Lehrer geben ihren Schülerinnen und Schülern einen Aufsatz auf: *"Beschreibt das Leben an Bord der unglücklichen Armada. Schreibt, was für Gefühle ihr für die unglücklichen Flüchtlinge hegt, wobei ihr zum Beispiel davon ausgeht, dass euch eine dieser verzweifelten Familien um Gastfreundschaft bittet."*[44] (Jean Raspail) In einer Ansprache an die Nation zum Osterfest, die der Präsident zu einer letzten Kampfansage nutzen will, bricht das Staatsoberhaupt

---

[43] ebenda
[44] ebenda

moralisch zusammen. Interessant gezeichnet wird auch das Schicksal der Figur des selbsternannten Menschenrechtlers, Nobelpreisträgers und Ministers, Jean Orelle, der alle nötigen Regierungsbeschlüsse zur Verhinderung einer Katastrophe zu Fall bringt und am Ende begreift, dass er und seine heuchlerischen Gesinnungsgenossen den Staat zum Zusammenbruch gebracht und die Gesellschaft unterminiert haben. Seine ansehnlichen Besitztümer lösen sich unter dem Ansturm in Nichts auf und am Ende erschießt er sich in seinem Büro. Nun füllen radikale Kräfte die Lücke, die Orelle und seinesgleichen hinterlassen haben. Glücksritter, Abenteurer, paramilitärische Verbände: *"Wenn in einer Gesellschaft nichts mehr vernünftig funktioniert, öffnet sich eine wahre Pandorabüchse der Anomalien und ein Karneval der debilen Gehirne, die sich von allen sozialen Fesseln befreit glauben"* [45]*(Jean Raspail)*, beginnt. Die entsetzliche Agonie Europas zieht sich quälend hin.

Die Idee für den Titel des Buches hat ihren Ursprung in der Bibel, in der Offenbarung des Johannes. Der aus dem Kerker losgelassene Satan verführt die Völker und sammelt sie zum Kampf gegen das Gute: *"Und sie stiegen herauf auf die Ebene der Erde und umringten das Heerlager der Heiligen und die geliebte Stadt."*[46]
Die tragischste Rolle aber spielen jene, die eine multikulturelle Gesellschaft preisen, an einen unvoreingenom-

---

[45] ebenda
[46] ebenda

menen Dialog und Integrationsfähigkeit glauben, aber vom ersten Ansturm am Strand in Südfrankreich von den Millionen verzweifelter Elender der Schiffe überrannt werden. Der "Tagesspiegel" geißelt diesen Roman als "*Kultbuch der Neuen Rechten*", gibt eine "*Lesewarnung*" heraus und bezeichnet das Werk als "*Blaupause von Pegida*".[47] Vielleicht sollte man die Bewertung dieser finsteren Vision dem mündigen Leser überlassen und nicht wieder den Knüppel der Bevormundung schwingen. Die Geschichte ist freilich eine fiktive Parabel und sie wirft zumindest die Frage in der aktuellen Flüchtlingsdebatte auf, ob Deutschland mit seiner Vorreiterrolle zur humanen Lösung des Problems nicht die nationalen Eigeninteressen sträflich zurückstellt. Es bleibt der sich immer mehr erhärtende Verdacht, dass die Multikulti-Visionäre und die der "Political-Correctness" verpflichteten Medien eine nicht unerhebliche Mitschuld an der tiefen Verunsicherung der Bevölkerung in der gegenwärtig schwierigen Situation haben. Da ist dieser Roman nur pures Gift.

---

[47] Christian Schröder: "Das Kultbuch der Neuen Rechten. Eine Lesewarnung.", in: Der Tagesspiegel, 27.10.2015

Bleibt die Welt zu Hause?

In Afrika und im arabischen Raum wartet bis zu einem Drittel der Bevölkerung auf die Chance, nach Europa auf kreuzgefährliche Fahrt zu gehen. Sie riskieren viel, sogar ihr Leben. Daran kann man ermessen, wie erbärmlich schlecht es diesen Hoffnungslosen gehen muss. Sie wünschen sich einfach nur ein besseres Dasein, lohnende Arbeit, einen menschenwürdigen Lebensstandard. Chancen dafür gibt es. In Deutschland kommen auf 100 freie Stellen 66 Interessenten. In Afrika bewerben sich 500 Menschen auf 100 Jobs. Es existiert also in Afrika und anderen Regionen der Erde ein starker Überhang an beschäftigungs- und perspektivlosen jungen Männern. Das Problem muss in den Ländern selbst gelöst werden, aber solange sich dort nichts Entscheidendes ändert, brechen sie auf und suchen nach einem glücklicheren Leben, so wie die hungernden Inder in Jean Raspails Roman. Die Religionskriege in Nahost haben diese Entwicklung zwar in nicht unerheblichem Maße beschleunigt, aber da wir zu stark auf Europa fixiert sind, erweckt der gegenwärtige Flüchtlingsstrom den Eindruck einer noch niemals da gewesenen Masseninvasion. Nimmt man die Migrationsströme der ganzen Welt in den Blick, ergibt sich ein erstaunliches Bild, das tatsächlich in die gegenteilige Richtung weist: *"Die Welt bleibt zu Hause"*[48] titelt "Der Spiegel" in seiner Ausgabe 18/2016 ab Seite

---

[48] "Die Welt bleibt zu Hause", in: Der Spiegel, 18/2016, S. 52 ff.

52. Guy J. Abel, englischer Sozialstatistiker und Bevölkerungsforscher am Wittgenstein Centre for Demography in Wien, hat ein grafisches Modell entwickelt, „mit *der sich die tatsächliche Dynamik der globalen Migration einschätzen und darstellen lässt."* [49] Im Ergebnis seiner Untersuchungen verharrt die weltweite Migrationsdynamik auf einem tiefen Niveau. Seit 1960 beträgt der Prozentsatz der Migranten, immer in Fünf-Jahres-Abschnitten gerechnet, nie mehr als 0,73 % (1990-1995) und nie weniger als 0,50 % (2010-2015) Die Migrationsbewegung war in den vergangenen Jahren also rückläufig. Es geht nicht darum, die Probleme zu verharmlosen, die auf die beliebtesten Zielländer wie Deutschland oder Schweden zukommen, aber man muss auch in den Blick nehmen, dass mehr Europäer innerhalb Europas als Afrikaner nach Europa, mehr Menschen innerhalb des Nahen Ostens als von Nahost nach Europa migrieren. Die gegenwärtig weltweit größten bilateralen Bewegungen finden von Syrien in die Türkei, von Syrien in den Libanon und von Mexiko in die USA statt. Die UNO hat 2015 veröffentlicht, dass die Zahl der Migranten 244 Millionen erreicht hat, ein Zuwachs von 41 % gegenüber dem Jahr 2000. *"Das bezieht sich auf die absoluten Zahlen – die sind hier jedoch keine sinnvollen Vergleichsgrößen. Im Jahr 2000 zählte die UNO 173 Millionen Migranten: Das waren 2,8 % der damaligen Weltbevölkerung von 6,1 Milliarden. Seither ist die Weltbevölkerung auf 7,3 Milliarden ange-*

---

[49] ebenda, S.53

wachsen, die 244 Millionen Migranten von 2015 machen dementsprechend 3,3% davon aus." [50] Wenn man an Migranten denkt, sieht man die Bilder von verzweifelten Menschen auf der Flucht, von Ertrinkenden im Mittelmeer oder in den Lagern an den Grenzen Europas. Aber gemeint ist der gesamte Migrantenbestand auf der Erde: *"Das bedeutet, dass jeder, der jemals aus einem Geburtsland weggezogen und noch am Leben ist, in dieser Zahl drinsteckt. Der Mann vom nächsten Kebab-Laden, seit 20 Jahren in Deutschland, steckt da drin. Der indische Professor für Atomphysik, in den Achtzigerjahren nach Göttingen berufen, steckt da drin. Die schwedische Designerin, seit Mitte der Neunziger in Berlin, steckt da drin. Pep Guardiola steckt darin. Helene Fischer. Die Klitschkos. Charlotte Roche ..."* [51] Das relativiert diese erschreckend große Zahl, aber dennoch bleiben die Probleme bestehen. Die Zahl der Flüchtlinge im engeren Sinn, also jene, die ihr Land verlassen mussten, weil sie von Krieg bedroht sind, und von daher Anspruch auf Schutz haben, gibt die UNHCR für Mitte 2015 mit weltweit 15 Millionen an. Der gegenwärtige Flüchtlingsstrom nach Europa ist erschreckend, und viele empfinden ihn als ziemlich bedrohlich. Die Regierung in Kenia droht zum Beispiel damit, das weltweit größte Flüchtlingslager in Dadaab aufzulösen und die 330.000 Somalier in ihre zerstörte Heimat zurückzuschicken. Dahinter verbirgt sich

---

[50] ebenda, S.53/54
[51] ebenda, S.54

ein wenig humanitäres Geschäft: Man erwartet riesige Summen – über eine Milliarde Euro – von der EU, um im Gegenzug den Flüchtlingsstrom in Richtung Mittelmeer aufzuhalten. So etwas kann man auch Regierungskriminalität oder schlicht und ergreifend Erpressung nennen. Aber die Weltgemeinschaft könnte diese Probleme anders lösen und Europa auch und wenn Deutschland nicht so allein gelassen würde, sowieso. Durch Investitionen in Wirtschaft, Gesundheitswesen und Bildung in den ärmsten und kriegsgebeutelten Ländern würden die meisten Menschen dieser Staaten auch davon abgehalten, den gefährlichen Weg nach Europa zu wagen.

Eine Reform des Islam?

"Die eingewanderten Muslime in Europa haben seit den 90er Jahren einen Traditions-Backlash erfahren, der ein Spiegelbild der Reislamisierung ist, die muslimische Gesellschaften im Nahen und Mittleren Osten erlebten. Das hat nicht nur die Hürden für die Integration in die europäische Gesellschaft erhöht, es hat zudem auch ein ernsthaftes Sicherheitsproblem geschaffen."
(Clemens Wergin, zitiert im EDITORIAL)

Abdel-Hakim Ourghi leitet den Fachbereich Islamische Theologie und Religionspädagogik an der Pädagogischen Hochschule Freiburg. Er vertrat bereits am 20. Januar 2015 unter der Schlagzeile *"Religion und Gewalt"* (www.sueddeutsche.de) mutig die Position, dass es dringend notwendig sei, den Islam einer Reform zu unterziehen, da das Thema Gewalt sich durch die gesamte Frühgeschichte des Islam ziehe, aber in innerislamischen Diskursen tabuisiert wird. (Der Theologe spricht von einer Renaissance, womit er deutlich auf die menschenfreundlichen Ursprünge dieser Glaubenslehre verweist.) Gefährlich ist, dass *"das Phänomen der Gewalt in der Gemeinde des Propheten ... bis heute Extremisten als Legitimationsgrundlage dient."*[52] Der islamische Terror, so Ourghi, berufe sich auf eine gewalttätige, theologisch gut

---
[52] Abdel-Hakim Ourghi: " Religion und Gewalt. Der Islam braucht eine kritikfähige Renaissance", in: www,sueddeutsche.de/politik, 20.01.2015

fundierte Ideologie, die als eine Rezeption der Ideengeschichte der Gewalt gelten müsse. Es ist natürlich unbestritten, dass ökonomische Fehlentwicklungen, politische Instabilität bis hin zu blutigen Bürgerkriegen, die auf dem Rücken einer unschuldigen Bevölkerung ausgetragen werden, und auch individuelle oder massenhysterische psychologische Gründe diese Gewaltbereitschaft fördern, aber *"gezielt wird die Gewalt zu Lebzeiten des Propheten, dessen Gemeinde für alle Muslime als Vorbild betrachet wird, gegenüber den nichtmuslimischen Gesellschaften Europas ausgeblendet."*[53] Dieses gezielte Verdrängen führt bei europäischen Linken, Grünen und teilweise auch Sozialdemokraten unter anderem dazu, alle ankommenden Muslime, weil generell hilfsbedürftig, als friedlich und integrationswillig zu betrachten, was sich ja in der Gegenwart durch Festnahme einiger Terrorverdächtigen, die sich unter Tausende harmloser Flüchtlinge gemischt haben, als generell nicht haltbar erwiesen hat. *"Die Gefahr des gewalttätigen politischen Islam im Namen Allahs ist nicht durch die Unterscheidung zwischen muslimischen Extremisten auf der einen und dem friedfertigen Islam auf der anderen Seite aus der Welt zu schaffen"*[54], schreibt Ourghi und fügt hinzu: *"Auch die bequeme Betrachtung, dass die Extremisten keine Muslime seien, ist naiv. Den Islamisten dienen als Handlungsanleitung doch einige medinensische* Koranpassa-

---

[53] ebenda
[54] ebenda

gen *(also die vom alternden, aber mächtig gewordenen Muhammad verkündeten Koranstellen in Medina aus den Jahren 622-632 - d.V.) und das Handeln des Propheten selbst, somit kanonische Quellen der islamischen Rechts- und Religionslehre. Darüber hinaus beruft sich der islamische Terror auf eine gewalttätige, theologisch gut fundierte Ideologie, die als eine Rezeption der Ideengeschichte der Gewalt gelten muss."*[55] Im Jahre 624 begann in Medina eine Zeit von Zwangsislamisierung, denen sowohl die medinensischen Juden, als auch andere Stämme ohne monotheistischen Glauben zum Opfer fielen. So stellte Muhammad diese militärisch Besiegten vor die Wahl, zum Islam zu konvertieren oder den Tod durch das Schwert in Kauf zu nehmen. So wurden im Massaker an den Banu Qurayza im April 627 etwa 600 Männer exekutiert, ihr Besitz unter die Muslime verschenkt, die Frauen und Kinder versklavt. In einigen Suren des Korans wird auf diese gewaltsame Islamisierung Bezug genommen. Nach dem Tod des Begründers kam es zum Schisma, woraus der heute noch immer tobende, unerbittliche Kampf zwischen Sunniten und Schiiten erklärbar ist. Drei der ersten vier Kalifen wurden von Muslimen ermordet, denen medinensische Koranverse als moralisch-religiöse Rechtfertigung für die Bluttaten galten. Es existiert so gut wie keine Sure im Koran, in der nicht wenigstens von den Höllenstrafen für Nicht-Muslime geschrieben wird. Deshalb ist der Prophet aber nicht zu verurtei-

---

[55] ebenda

len, denn Gewalt und Stammesfehden waren fester Bestandteil der damaligen Lebenswelt. Außerdem musste der Islam sich gegen konkurrierende Glaubensrichtungen durchsetzen. Im Koran kann man in einigen Suren lesen, wie mit den Nicht-Muslimen (also Juden, Christen, Polytheisten und Gottlose) zu verfahren ist, die sich dem "rechtmäßigen Glauben" nicht zu unterwerfen gedenken. In einem Brief an mich zitierten anonyme „dankbare Eltern" solch eine Textstelle: Ein beeindruckendes Beispiel (für den Aufruf zur Gewalt), so schreiben sie, gäbe Sure 47.4: *"Wenn ihr auf die stoßt, die ungläubig sind, dann herunter mit dem Haupt ... Und wenn ihr die Ungläubigen trefft, dann herunter mit dem Haupt, bis ihr ein Gemetzel unter ihnen angerichtet habt, dann schnüret die Bande."* Diese Aufforderung kann man nun beim besten Willen nicht gutheißen, sie könnten als Bestandteil der verbrecherischen Ideologie des IS gesehen werden, als religiöse Grundlage dieses hemmungslosen, mörderischen Fanatismus. Das Problem besteht in diesem Fall aber darin: Es ist die falsche Übersetzung; der vermeintliche Text von 47.4. ist bestenfalls eine Fehlinterpretation, von welchen Motiven der Urheber auch immer geleitet wurde. Die in vielen Quellen wie folgt zitierte Übertragung ins Deutsche lässt einen ganz anderen Schluss zu: *„Wenn ihr auf diejenigen, die ungläubig sind, (im Kampf) trefft, dann schlagt (ihnen auf) die Nacken. Wenn ihr sie schließlich schwer niedergeschlagen habt, dann legt (ihnen) die Fesseln fest an. Danach (lasst sie) als Wohltat frei oder gegen Lösegeld, bis der Krieg seine Lasten ab-*

legt. Dies (soll so sein)! Und wenn Allah wollte, würde Er sie wahrlich (allein) besiegen. Er will aber damit die einen von euch durch die anderen prüfen. Und denjenigen, die auf Allahs Weg getötet werden, wird Er ihre Werke nicht fehlgehen lassen." Dieser Vers ist freilich auch vom Aufruf zur Gewalt geprägt, muss aber in der Zeit von 622 bis 632 gesehen werden, als der Prophet in heftige Machtkämpfe verwickelt war. Auch und gerade wegen derartiger möglicher, fehlgeleiteter Interpretationszusammenhänge fordern vor allem aufgeklärte und intellektuelle Muslime, solche Zeilen, von denen es nicht wenige gibt, im historischen Kontext zu bewerten. Abdel-Hakim Ourghi wirbt für einen modernen Islam, in *welchem "nicht die Gewalt des einen Gottes gesucht, sondern ein Gott, der die Unantastbarkeit der Menschenwürde zu garantieren vermag. Diese unabdingbare Voraussetzung kann der Islam erfüllen, wenn er jeder Art von Gewalt entsagt und seine humanistische Kraft durch eine zeitgenössische Reformlektüre jenseits politischer Interessen erneuert ... Ein Beharren auf dem absoluten und universalen Wahrheitsanspruch des Islam hingegen bedeutet Intoleranz und Entmenschlichung der Angehörigen anderer Religionen."*[56] Von diesem zutiefst humanistischen Anspruch scheint die islamische Welt von heute sehr weit entfernt zu sein. Achim P. aus Kapitaen/i. R. drückt dies ziemlich drastisch aus und man kann nach Herzenslust darüber streiten:

---

[56] ebenda

"Nach Deutschland strömen nicht nur die armen, traumatisierten syrischen Flüchtlinge und weinenden Kinder, die uns Politiker und unsere Qualitäts-Medien andauernd vorführen, um uns Schuldgefühle einzupflanzen. Die Realität sieht ganz anders aus. Hinter jeder scheinbar netten syrischen Familie stehen Tausende kampferprobte junge Männer, aus primitivsten Herkunftsländern und Kulturen, die uns oft feindlich gesonnen sind und die gelernt haben, ihre Forderungen knallhart, aggressiv und brutal durchzusetzen. Das kann nur zu sozialen, kulturellen und religiösen Verwerfungen ... führen."* Auch diese Behauptung bedarf der gründlichen Überprüfung, denn so hat diese Meinung eher einen hypothetischen, generell ablehnenden pauschalen Duktus. Auch Prof. Dr. Gerd U. aus Furtwangen kann im Islam keine menschenfreundlichen Züge erkennen und formuliert in einer Mail an mich: *"Ich habe mich intensiv mit Religionen (unter dem Aspekt wirksamer Bewusstseins-Technologie) und mit dem Islam beschäftigt. Der Islam ist keine Religion, die einen mit dem eigenen inneren Wesen wieder verbindet, sondern eine primitive Ideologie auf vormittelalterlichem Niveau."* Die gab es auch in Mittel- und Westeuropa in grauer Vorzeit. Die Zwangschristianisierung der Sachsen unter Karl dem Großen zwischen 772 und 804 fand unter dem verbrecherischen Motto "Tod oder Taufe" statt. Es bedurfte weiterer 700 Jahre, ehe Martin Luther die katholische Kirche unbeabsichtigt spaltete, indem er sie reformieren wollte.

Uns bleibt die Hoffnung, dass die Erneuerung des Islam

zu einer wirklich modernen Religion nicht so lange auf sich warten lässt. Die Wurzel des tiefen Unbehagens vieler moderner Europäer angesichts der muslimischen Flüchtlingsströme liegt eben in jenem Misstrauen begründet, dass der Islam nicht reformfähig ist und durch die hohe Zahl von Einwanderern die Werte des kulturhistorisch christlich geprägten Abendlandes in Gefahr geraten könnten.

„Wenn man die aktuellen Bilder der Flüchtlingswelle verfolgt, ist es nicht zu übersehen, dass viele junge, kräftige, meist muslimische Männer als Asylbewerber die Bundesrepublik auserkoren haben, weil sie hier ideale Aufnahmebedingungen vorfinden oder das zumindest glauben." (EDITORIAL)

So schaffen wir das nicht

Eine Mehrheit der Deutschen glaubt längst nicht mehr an den Kurs der Bundeskanzlerin in der Flüchtlingskrise. In Europa ist sie in dieser Frage zunehmend isoliert, handelt nach Ansicht vieler Kritiker irrational, ist immun gegenüber Kritik, wirkt seelisch verpanzert, wie es bei Menschen auftritt, die aus psychischer Notlage jedwede Kritik rigoros verdrängen. Der Psychoanalytiker Hans-Joachim Maaz hat dafür eine ungewöhnliche Erklärung: *"Merkel verwendet sehr häufig das Wort alternativlos. Das ist natürlich Unsinn, denn es gibt keine Situation, die alternativlos ist.* (Da bin ich nun nicht so sicher – d. V.) *Dass sie das Wort benutzt, ist aber ein Hinweis auf ihr Selenleben. Sie lässt keine Bedenken zu, es gibt keine Ambivalenz."* [57] Das sind sehr heftige Vorwürfe und ob man eine psychologische Ferndiagnose erstellen sollte, ist in der Wissenschaft höchst umstritten.

Hat sich unsere Bundeskanzlerin mit ihrem humanen Akt im September 2015, die Flüchtlinge an der ungarischen

---

[57] Benjamin Reuter& Sabrina Hoffmann: "Psychoanalytiker Hans-Joachim Maaz:'Angela Merkel handelt vollkommen irrational"; in: Huffington Post, 24.01.2016

Grenze nach Deutschland durchzuwinken und damit eine unkritische Willkommenskulturbewegung ausgelöst zu haben, nicht einen Bärendienst erwiesen? Welche Entscheidung wäre denn die richtige gewesen? Sollten wir Deutsche diesen Menschen auf der Balkanroute kommentarlos ihrem Schicksal überlassen? Möglicherweise hoffte Angela Merkel auch mit diesem Akt, viele andere europäische Staaten mit in das Solidaritätskonzept einbinden zu können. Das ist offensichtlich auf ganzer Linie gescheitert. Warum hält sie dann immer noch scheinbar stur und unbeirrbar an ihrem Kurs fest, den selbst viele Parteifreunde ablehnen? Zunächst muss man fairerweise festhalten, dass Merkel den Satz „Wir schaffen das!" nicht so gesagt hat. Direktheit ist gar nicht ihr Stil. Das Originalzitat hört sich so an: *„Das Motiv, in dem wir an diese Dinge herangehen müssen, muss sein, wir haben so vieles geschafft, wir schaffen auch das."*[58] Das klingt zugegebenermaßen etwas verschwurbelt und ist deshalb von den Medien – mit welchen Intentionen dürfte ja klar sein – verkürzt auf die bekannte Formel gebracht worden, die suggeriert: Egal, wie viele wir noch aufnehmen, sie können alle integriert werden. Das ist eine fatale Auslegung.

Die Mär von der reibungslosen, harmonischen Integration zweier völlig gegensätzlicher Kulturen im Selbstlauf ist doch spätestens seit den siebziger Jahren des 20. Jahrhunderts in Deutschland ausgeträumt.

---

[58] Julian Heißler: "Merkels drei große kleine Worte", in: tagesschau.de, 31.08.2016

Die Gutmenschen mögen es immer noch nicht wahrhaben wollen, aber die sitzen in ihrem Elfenbeinturm aus Illusionen und sind ohnehin extrem beratungsresistent: Es kommen eben auch Kriminelle, Wirtschaftsschmarotzer und im schlimmsten Falle auch Attentäter in diesem unkontrollierbaren Sog mit, von denen einige Ende Mai in Deutschland verhaftet wurden. Das sind sicher wenige, aber effizient handelnde Verbrecher, die einen Terrorismus praktizieren, der Millionen Flüchtlinge diffamiert und sie im Extremfall zu potenziellen Mördern abstempelt. Aber diese gefährlichen Hochkriminellen wissen sich in Szene zu setzen. In einem Gespräch mit dem Magazin "Cicero" stellt der Philosoph Peter Sloterdijk fest: "*Wir haben es mit einem entstaatlichten Terrorismus zu tun, den man im Wesentlichen als eine Publikationstechnik verstehen muss. Er stellt eine pervers erfolgreiche Form der Publizistik dar, wie sie nur in unserer durchmediatisierten Gesellschaft möglich ist. Ein Attentat am geeigneten Ort reicht aus, ein Nadelstich bewusster Gewalt genügt, das Übrige besorgen die Medien der angegriffenen 'Gesellschaft' selbst, indem sie, von der Gewalt geblendet, den punktuellen Exoterror zum flächendeckenden Endoterror vergrößern.*"[59] Sloterdijk empfiehlt deshalb auch, "*die Bedrohungen auf einer pragmatischen, also kriminologischen Ebene zu verhandeln. Geisterkämpfe in der Luft zwischen 'Zivilisationen' fruchten

---

[59] Peter Sloterdijk:" Das kann nicht gut gehen" in: Cicero. Magazin für politische Kultur; Nr. 2, Februar 2016, S. 14ff, Fragen von Alexander Kissler und Christoph Schwennicke

nicht." [60]Natürlich ist es nicht Sinn solcher Aussagen, den Terrorismus zu verharmlosen, aber man muss schon mit Augenmaß relativieren. Vielleicht sind die offenen Grenzen in Europa eine besonders attraktive Einladung für Flüchtlinge, von denen garantiert die allerwenigsten Terroristen sind. Sloterdijk warnt aber auch in gleichem Atemzuge vor einer undifferenzierten Einlasspraxis nach Deutschland. *„Man kann nur dann eine sinnvolle Willkommenskultur bilden, wenn man entscheidet, wer rein darf und wer nicht. Sich bloß überrollen zu lassen, ist unwürdig ... Die deutsche Regierung hat sich in einem Akt des Souveränitätsverzichts der Überrollung preisgegeben. Diese Abdankung geht Tag und Nacht weiter. Bis zum Ende unseres kurzen Gesprächs werden tausend Flüchtlinge mehr die Grenzen überschritten haben."* [61]

Es gibt unzählige warnende Prominente, die vor einer Fortsetzung dieses riskanten politischen Kurses mahnend die Stimme erheben. Es bleibt aber dennoch die bohrende Frage: Wie hätte denn die Kanzlerin reagieren sollen, als Tausende am Grenzzaun vor Ungarn zum Stehen kamen? Wäre sie hart geblieben, käme prompt wieder dieser unselige Vergleich mit den traditionell inhumanen Deutschen. Was sie dann getan hat, brachte ihr auch nur im sozialromantischen Lager wirklich Beifallsstürme ein und die CDU gar in Verruf, an den Sozialdemokraten links vorbeizuziehen.

---

[60] ebenda, S.19
[61] ebenda, S.20/21

Viele sahen es mit Unbehagen, besaßen aber nicht die Zivilcourage, sich gegen den Mainstream zu stellen. Wahrhaftig fällte die Kanzlerin eine Entscheidung, die man poetisch als Wahl zwischen dem tödlichen Strudel der Charybdis und dem vielköpfigen Seeungeheuer Skylla ins Bild setzen kann. Odysseus steuerte in der antiken Sage an der scheußlichen Seeschlange nah vorbei, um wenigstens nicht alle seine Gefährten zu verlieren. Einen kleinen Deut zu weit aufs Meer hinaus, und die Charybdis hätte sie alle unweigerlich in die Tiefe gerissen.

In einem Interview der Zeitschrift "Die Weltwoche" [62] spricht einer der führenden Literaturwissenschaftler und bedeutenden Denker, Prof. Rüdiger Safranski, davon, dass die Flüchtlingspolitik der Bundesregierung von einer *"moralischen Infantilisierung"* geprägt sei. Während Großbritannien und Österreich wissen, wie sehr es zu einem gefestigten Staat gehört, dass er seine Grenzen kontrolliert, scheint sich das in Deutschland genau ins Gegenteil verkehrt zu haben. *"Das Unreife der deutschen Politik kommt in der Maxime zum Ausdruck, bei Flüchtlingen dürfe man keine Grenzen setzen. Da wird etwas nicht zu Ende gedacht. Denn gemäß heutiger Praxis wären, gemessen an den hiesigen demokratischen und ökonomischen Standards, zwei Drittel der Weltbevölkerung in Deutschland asylberechtigt."*[63] Leider sind viele muslimische Zuwanderer gar nicht in der Lage, wirklich in

---

[62] Rüdiger Safranski: "Politischer Kitsch", in: Die Weltwoche, 4/2016, S.13 ff., Interview mit Rico Bandle
[63] ebenda, S.14

einer freiheitlichen Demokratie ihr Leben selbstbestimmt zu organisieren. Von ihrer Erziehung, Gewohnheit und Kulturtradition aus betrachtet, kann das auch kaum verwundern. Safranski warnt darum auch folgerichtig: *"Ein Großteil der Flüchtlinge sind junge Männer im besten Alter, bei denen man sich wundert, weshalb die ihre virile Energie nicht gebrauchen, um ihr Land wieder in Ordnung zu bringen. Manche von ihnen haben dort gegeneinander gekämpft, und sie werden ihre Verfeindung hierhertragen und hier unter komfortableren Bedingungen ihre Kämpfe fortsetzen. Ich höre schon den Vorwurf der Islamophobie. Aber den politischen Islam haben wir tatsächlich zu fürchten, wenn wir ihn nicht dort, wo er uns feindlich gesinnt ist, entschieden bekämpfen. Wenn wir nicht aufpassen – und die gegenwärtige politische Führung passt nicht auf –, werden wir französische Verhältnisse bekommen mitsamt Terrorismus und islamischen Antisemitismus. Eine Bedrohung auch für unsere jüdischen Mitbürger."*[64] Ein Grund für diesen Irrweg in der Asylpolitik liegt in der deutschen Schulddebatte nach der nationalsozialistischen Terrorherrschaft und dem 2. Weltkrieg. Asyl heißt ohnehin nicht gleichsam Integration. Im Artikel 16 des Grundgesetzes kann man lesen, dass politisch Verfolgte Asylrecht genießen. Als Grundrecht kennt unsere Verfassung keinen Anspruch auf materielle Integration. Eine folgenreiche Verzahnung von großem und kleinem Schuldbekenntniszwang liegt hier vor: Die

---

[64] ebenda, S.14

furchtbare Bürde von Auschwitz und Stalingrad ist die große, die kleinere liegt darin, dass die deutsche Gesellschaft in (West-) Deutschland jahrelang die Tatsache verdrängt hat, dass Deutschland kein Einwanderungsland ist. Das Ergebnis ist eine emotional verordnete Schuldkultur: *"... nie wieder Integration verweigern! Im Ergebnis soll bald jeder integriert werden, der es irgendwie ins Land geschafft hat ... So wird hierzulande bis zum heutigen Tage eine vor allem empathisch getriggerte Verquickung von Asyl- und Einwanderungspolitik betrieben. Hypermoralisierend statt pragmatisch, in einem vom deutschen Schuldkomplex weit überdehnten geschichtspolitischen Deutungsrahmen, statt auf die gesellschaftliche und ökonomische Gegenwart bezogen."* [65]
Ob die grüne Parole "Je mehr Fremdes, desto besser für Deutschland" angesichts der Realität eine sinnvolle Alternative ist, wage ich ernsthaft zu bezweifeln.

Es ist ganz unbestritten, dass weitere Millionen Flüchtlinge die Lage in Europa labil werden lassen, unsere Rivalen in Übersee wird es vielleicht sogar freuen. Nun ließe sich daraus leicht die paradox anmutende Schlussfolgerung ziehen, dass eine vermeintlich konsequent bekennende Europäerin wie Angela Merkel mit ihrer Flüchtlingspolitik genau das tut, was Europa als Letztes brauchen kann: Instabilität und tiefes Zerwürfnis der Nationalstaaten auf dem alten Kontinent.

Der ehemalige US-Außenminister, Henry Kissinger hat

---

[65] Ulrich Clauß: "Es gibt einen grundlegenden Irrtum in der Asyldebatte", in: Die Welt, 16.02.2016

diese befremdliche deutsche Politik nahezu prophetisch beschrieben: "Wir beobachten in Europa ein sehr seltenes historisches Ereignis ... Eine Region verteidigt ihre Außengrenzen nicht, sondern öffnet sie stattdessen. Das hat es seit einigen Tausend Jahren nicht gegeben.' Die deutsche Kanzlerin wisse, 'dass es einen Punkt gibt, an dem die Transformation der sozialen und politischen Strukturen beginnt', und er warnt: 'Das wird zwangsläufig passieren, vor allem, wenn man es mit Gruppen zu tun hat, die die grundlegenden Werte der westlichen Gesellschaft nicht akzeptieren.' Kissinger sieht die Kanzlerin in einem 'Dilemma', sie müsse 'abwägen zwischen dem Leid der Flüchtlinge und den langfristigen Auswirkungen auf ihr Volk'." [66] Manchmal wird man an ein Vabanquespiel erinnert: Augen zu und durch. Natürlich schaffen wir das. Diese mutmachenden Sprüche mögen naive Menschen, solche mit begrenztem Horizont oder unverbesserliche Sozialutopisten überzeugen, die Mehrheit der Deutschen glaubt an solche aufmunternden Durchhalteparolen auch im Herbst 2015 nicht: *"Merkels mittlerweile aus dem Ruder gelaufener Hilfsimpuls jener Septembernacht überreizt über jedes Maß hinaus. Der Konsens in der deutschen Einwanderungsgesellschaft reißt. Die Bundeskanzlerin sollte endlich darüber mit der Bevölkerung ins Gespräch kommen, bevor das andere tun"*,[67]

---

[66] Gertrud Höhler: "Merkels Masterplan" in: Cicero. Magazin für politische Kultur", 02/2016, S.25

[67] Ulrich Clauß: "Es gibt einen grundlegenden Irrtum in der Asyldebatte", in: Die Welt, 16.02.2016

appelliert Ulrich Clauß in der Tageszeitung "Die Welt" im Februar 2016. Die Deutschen versuchen, Möglichkeiten auszuschöpfen, um alle Einwanderer zu integrieren. Wenn wir angesichts dieses hohen Anspruchs, die Probleme der halben Welt zu lösen versuchen, scheitern, wird nicht die Frage gestellt werden: Wollen sich die Asylsuchenden überhaupt in unsere Gesellschaft einbringen? Nein, dann wird man sagen, es habe Geld gefehlt oder die Behörden haben versagt, auch seien viele Deutsche fremdenfeindlich eingestellt. Die LINKEN und Grünen werden noch auf parlamentarischem Weg Öl ins Feuer gießen und den Christdemokraten besserwisserisch erklären, was die mal wieder alles falsch gemacht haben, ohne natürlich selbst ein sinnvolles Konzept zur Lösung dieser nationalen Problematik vorlegen zu können. (Aus der endlosen Debatte um Schulstrukturen kennen wir das zur Genüge.) Deutschland wird sich immer tiefer spalten, so die finstere Alternative.

Jean Raspail mag sich durch diese besorgniserregende Entwicklung möglicherweise bestätigt fühlen, aber ob er darüber glücklich ist?

"Legt man unsere ethischen und moralischen Vorstellungen an, werden Frauen in muslimischen Ländern nicht gleichberechtigt angesehen und oft nicht gerade würdevoll behandelt." (EDITORIAL)

"Extrem fordernd, unzuverlässig und aufdringlich"

Der ironische Spruch „Wer sich erinnert, war nicht dabei" bedeutet ja, dass Legenden und Mythen um Ereignisse von jenen gesponnen werden, die einst gemeinsam erlebt wurden und sich mit dem Abstand der Jahre vom Kern der Wirklichkeit entfernen. So kam Kritik an meiner Darstellung von der patriarchischen Rolle der muslimischen Männerwelt oft von denen, die sich niemals ernsthaft mit dieser soziokulturellen Problematik auseinandersetzten oder gar persönliche Begegnungen mit Vertretern dieser Traditionen hatten.

Eine Frau G., die im Domgymnasium Merseburg, an dem ich siebzehn Jahre tätig war, einige Male davon gehört hat, dass ich einer der *„coolsten Lehrer"* war, der sich nun aber durch den Artikel *„selbst völlig ins Abseits befördert"* habe, fordert von mir Belege dafür, dass Frauen tatsächlich Opfer von Belästigungen werden. Dann behauptet sie mit naiver Inbrunst, dass nur ein paar Interviews mit ehrenamtlichen Helfern (auch Frauen) dagegenzustellen seien, *„die nur Positives in ihren Begegnungen mit Flüchtlingen wie Dankbarkeit, Respekt und der Wille zur Integration beschreiben, auch seitens der männlichen Muslime."*

Leider versäumt es G., mir wenigstens ein Beispiel zu präsentieren. In diesem Buch liefere ich gegenteilige Beweise – mehr, als uns lieb sein kann.

"Sie mögen Herrn Mannkes Wortwahl kritisieren, doch hat er mit seinen Bedenken recht und eine Aufklärung ist dringend nötig. Hat einer seiner Kritiker in einem arabischen Land gelebt, kennen sie diese Gesellschaft? Nein, sie haben keine Ahnung. Ich war 25 Jahre dort verheiratet, habe gearbeitet, Kinder großgezogen, beherrsche die Sprache. Ich weiß, wovon ich rede und in die rassistische Ecke können Sie mich nicht stellen! Aufgrund der völlig anderen Sozialisation dieser Männer sind so viele Missverständnisse (und zwar von beiden Seiten) unvermeidlich, dass darüber einfach aufgeklärt und gesprochen werden muss! Die zurzeit gängige Praxis, alles, was nicht ins Bild unserer „heilen Flüchtlingswelt" passt, einfach zu ignorieren und berechtigte Kritik zu diffamieren, ist der verkehrte Weg und wird die Probleme nur noch vergrößern. Die heftigste Kritik kommt ohnehin von denen, die am wenigsten Ahnung haben, wovon sie überhaupt reden!"[68]

Aber auch aus den Reihen derjenigen, die meine Bedenken guthießen, gab es nicht wenige, die selbst keine persönlichen Erfahrungen mit muslimischen Männern gemacht haben. *„Eine ostdeutsche Bekannte von mir hat anderthalb Jahre in Ägypten gelebt, wo sie mit einem Einheimischen verheiratet war. Ich zitiere hier wörtlich*

---

[68] Gästebuch des Goethegymnasiums Weißenfels, 08.11.2015, „tippse"

ihre Aussage mir gegenüber: ‚Muslimische Männer halten deutsche Frauen für Schlampen. Sex mit der Verlobten ist einem Moslem aus Religionsgründen erst ab der Hochzeitsnacht erlaubt. Vorher nehmen sie sich dafür Frauen, die sie verachten, mit Gewalt oder für Geld." Katrin B. aus Bernburg, die sich neben unzähligen anderen persönlich bei mir dafür bedankt, dass ich meiner Verantwortung als Pädagoge nachkomme und vor den Gefahren der Einwanderungswelle warne, stellte mir einen Brief zur Verfügung, den sie empört an Claudia Dalbert (jetzige Umweltministerin von Sachsen-Anhalt) schrieb, weil diese Grünen-Politikerin mich ja verurteilt hatte: *"Und Sie fordern Respekt vor dieser Kultur??? Das ist nicht ihr Ernst!!! Als Feministin weigere ich mich auf das Entschiedenste, einer Kultur mit einer solch verlogenen Doppelmoral Respekt entgegenzubringen. Ich erwarte von den Flüchtlingen Respekt vor unserer Kultur und vor uns emanzipierten Frauen! ‚Gerechtigkeit ist für mich auch das Kernthema grüner Politik!' – Zitat aus Ihrer Website. Dann handeln Sie auch danach!! Oder finden Sie diese religiös begründet-verlogene Doppelmoral Frauen gegenüber etwa gerecht???"* Nun könnte man einwerfen, dass Frau B. selbst keine Erfahrung im Umgang mit Muslimen habe und deshalb ihre Sichtweise nicht realistisch sei. Deshalb lasse ich jetzt Menschen zu Wort kommen, die sehr persönlich mit den Problemen konfrontiert wurden, die zwangsläufig entstehen, wenn zwei so unterschiedliche Welten aufeinandertreffen.

Am 17. Januar 2016 erschien in der Tageszeitung "Die

Welt" unter der recht spektakulären Schlagzeile: *"Extrem fordernd, unzuverlässig und aufdringlich"* [69] ein Beitrag einer Flüchtlingshelferin, die als Angestellte in einer Hamburger Erstaufnahmestelle von ihren Erfahrungen berichtet. Ihr ideales Weltbild von den immer dankbaren und immer liebenswerten Flüchtlingen zerstob angesichts der täglichen Erlebnisse. In dem von Sophie Lübbert aufgezeichneten Protokoll wird deutlich, dass die junge Frau zunehmend desillusioniert ihrer verantwortungsvollen Arbeit nachging und am Ende sagt: "*Mir bleibt also eigentlich wirklich nur die Kündigung. Doch die habe ich bisher immer für mich ausgeschlossen; ich mag meine Kollegen sehr gern, die Flüchtlingskinder auch. Und ich war doch vorher so sehr überzeugt von dem Job und von der ganzen Sache an sich – da fällt es sehr schwer, sich einzugestehen, dass das alles doch ein wenig anders ist, als man sich vorgestellt hat. Und die Kündigung wäre natürlich genau dieses Eingeständnis. Mittlerweile denke ich trotzdem konkret darüber nach. Viele Kollegen und Kolleginnen wollen ebenfalls kündigen. Weil sie es nicht mehr aushalten, weil sie nicht mit ansehen können, wie schief hier alles läuft und dass sie nichts dagegen machen können. Und wenn ich ehrlich bin: Ich halte es auch nicht mehr aus.*"[70]

Ein Einzelfall? Ganz sicher nicht. Was ist dieser jungen Frau widerfahren, dass sie sich so enttäuscht und ver-

---

[69] Sophie Lübbert: "Extrem fordernd, unzuverlässig und aufdringlich", in: Die Welt, 18.01.2016

[70] ebenda

zweifelt äußert?
Die Helferin hatte sich ausdrücklich auf diese Stelle beworben und sich riesig gefreut, als sie endlich eine Zusage bekam. Mit Feuereifer ging sie an die Arbeit. Sie sollte für 1500 Flüchtlinge die soziale Beratung durchführen, ihnen helfen, sich in den ersten Monaten hier in Deutschland zurechtzufinden, sie in ihrem Asylverfahren unterstützen, wichtige Termine in Ämtern und Arztpraxen vermitteln. Bereits die ersten Begegnungen verliefen ernüchternd. Ideale Vorstellungen und Realität klaffen ziemlich weit auseinander. *"Natürlich darf man auf keinen Fall pauschal über die Flüchtlinge urteilen, es gibt unter ihnen viele, die sehr freundlich sind, sehr dankbar, sehr integrationswillig, sehr froh, hier zu sein. Aber wenn ich ehrlich bin, dann ist die Zusammenarbeit mit 90 Prozent von denen, die ich treffe, eher unangenehm ..."*[71]
Viele von ihnen kommen und verlangen sofort eine Wohnung, ein tolles Auto und natürlich eine attraktive Arbeitsstelle. *"Wenn ich das dann ablehne und stattdessen versuche, ihnen zu erklären, dass das nicht geht, dann werden sie oftmals laut oder auch richtig aggressiv. Ein Afghane hat erst letztens gedroht, er werde sich umbringen. Und ein paar Syrer und eine Gruppe Afghanen haben erklärt, sie würden in den Hungerstreik treten, bis ich ihnen helfen würde, an einen anderen Platz zu ziehen. Eine ursprünglich aus dem arabischen Raum stammende Kollegin von mir haben sie mal wirklich angeschrien 'Wir*

---

[71] ebenda

köpfen dich!'. Wegen solcher und anderer Sachen war die Polizei mehrmals in der Woche bei uns."* [72]Oft sind die Angaben, die sie gegenüber den Behörden machten, falsch oder es wurden Geschichten von abenteuerlichen Fluchten erzählt, die so nicht stimmen können. Für einen Asylantrag erfolgversprechende Herkunftsländer wie Syrien würden genannt, wo so mancher, der diese Angaben tätigt, nicht einmal richtig wisse, wo dieses geschundene Bürgerkriegsland eigentlich liegt. Sie versuchten nicht selten, sich illegal neue Ausweispapiere zu verschaffen, um eine neue Identität anzunehmen, wenn ihre eigentliche keine Berechtigung auf Asyl verspricht: *"Bald darauf (nachdem er mit dem Abschiebebescheid keine Alternative mehr sah) kam er zu meiner Kollegin und zeigte plötzlich völlig neue Ausweispapiere auf einen anderen Namen vor und sagte, er sei dieser Mensch mit dem anderen Namen. Er wurde dann nicht mehr abgeschoben, sondern nur in ein anderes Lager verlegt."*

Die Helferinnen und Helfer besorgten Arzttermine, selbst bei Spezialisten, auf die Einheimische oft monatelang warten müssten. Und dann nähmen sie diese Termine gar nicht wahr oder kämen einfach, wenn es ihnen passte, zu den Sprechstunden und beschimpften zu allem Überfluss nicht selten die Arzthelferinnen in übler Weise, wenn sie nicht sofort an die Reihe kämen.

"Einige der Flüchtlinge verhalten sich indiskutabel uns Frauen gegenüber. (Besonders aggressiv sind die An-

---

[72] ebenda

kömmlinge aus den Maghreb-Staaten). Es ist ja bekannt, dass es vor allem alleinstehende Männer sind, die hierher zu uns kommen, etwa 65 Prozent oder vielleicht sogar 70 Prozent ... Die sind alle noch jung, erst so um die 20, höchstens 25 Jahre alt. Und ein Teil davon achtet uns Frauen überhaupt nicht ... Für uns Frauen haben sie oft nur verächtliche Blicke übrig – oder eben aufdringliche. Sie pfeifen einem laut hinterher, rufen einem noch etwas in einer fremden Sprache nach, was ich und die meisten Kolleginnen nicht verstehen, lachen. Das ist wirklich sehr unangenehm." [73]

Es gibt nur wenige Frauen, die als Helferinnen sich dazu äußern, und es ist sehr wahrscheinlich, dass das hier Geschilderte in den Flüchtlingsunterkünften an der Tagesordnung ist. Die junge Angestellte will um jeden Preis anonym bleiben, wahrlich kein Zeichen von Vertrauen in das ansonsten so hoch geschätzte Gut der Meinungs- und Pressefreiheit. Sie könnte ja von übereifrigen Missionaren in eine fremdenfeindliche Ecke gestellt werden, das nur aus dem einfachen Grund: Sie sagt die ungeschminkte Wahrheit. Aber genau die passt anscheinend vielen Medienvertretern nicht, und sie legen sich ihre Welt so zurecht, wie sie diese sehen wollen: *„Es ist vor allem der überhebliche Ton vieler Journalisten, die sich intellektuell und moralisch anderen überlegen fühlen. Mich stößt das ab. Ich möchte von einer Zeitung informiert, aber nicht politisch belehrt werden ...",* empört sich

---

[73] ebenda

Reinhard Nonnenmann nach der Lektüre eines boshaften Artikels von Nikolaus Bernau in der „Berliner Zeitung" vom 09.11. 2015 unter der Überschrift *„Philologen gegen Schwarzen Mann"*.[74] Bernau, der unter anderem mit dem Publizistenpreis des Deutschen Bibliotheksverbandes und der Wissenschaftlichen Buchgesellschaft 2013 ausgezeichnet wurde, warnt vor unserem Text. Diesen sollten sich unsere Schüler nicht als Vorbild zum Schreiben nehmen, denn er sei *"fremdenfeindlich und zeugt von kulturellem Kleinmut, er strotzt auch vor Rassismus."* Was ist denn kultureller Kleinmut? Damit kann kein Mensch etwas anfangen. Das sind propagandistische Nebelkerzen, und es wäre sehr hilfreich, erklärte der Nutzer dieses Wortes, dem Leser den Sinn dieses Substantives. Rassismus, Fremdenfeindlichkeit? Nichts davon lässt sich aus dem Leitartikel entnehmen, es ist flache Propaganda mit nicht haltbaren Kommentierungen. Wenn an den bösen Vorwürfen etwas Wahres wäre, hätte die Staatsanwaltschaft wenig Mühe, mich und meine Kollegin Seltmann-Kuke wegen Volksverhetzung anzuklagen. Aber es kommt ja in Bernaus Schmähschrift noch besser: *"Vor allem auch, weil dieser Text atemberaubend aufgeladen ist mit sexistischen Vorurteilen und orientalischen Sehnsüchten. Der dunkle, muskulöse Mann, liest man, sei per se unkontrolliert, erotisch dynamisch, verführe unsere (implizit: blonden) Mädchen, die ihm willen-*

---

[74] Nikolaus Bernau: "Philologen gegen Schwarzen Mann", in: Berliner Zeitung, 08.11.2015

los anheimfallen müssen, wenn wir nicht helfen."[75] Das eben kann man im EDITORIAL nicht lesen, es bleibt völlig im Dunkeln, wie Bernau zu solchen interpretatorischen Schlüssen gelangt. Dieser Journalist hat nicht nur eine blühende Fantasie, sondern er nutzt auch den allegorischen Singular, wenn er vom dunklen, muskulösen Mann fabelt – ein manipulatorisches Idiom der Demagogie. Das kann man in Victor Klemperers "LTI" nachlesen. Hier dreht Bernau den Spieß um, er nutzt ein bei den Nazis beliebtes sprachliches Mittel, um andere zu diffamieren, die mit Sicherheit auch keine Braunen sind. Mir persönlich schrieb Bernau am 6. November 2015, dass ich mir zwar das Wort nicht verbieten lassen dürfe, aber das hohe Gut der Meinungsfreiheit schändlich mit Füßen trete „*im Rahmen ihres (sic) rassistischen und hochgradig islamophoben Pamphlets ...*" Mein Artikel sei "*eine Ansammlung grotesker, ressentimentgeladener und menschenverachtender Vorurteile, die einem auf Bildung bedachten Schulleiter schlicht unwürdig sind (sic).*" Eine Ansammlung von Schimpfkanonaden und grammatischen Fehlern zeichnet eine kluge Argumentation eher nicht aus. Vielleicht hat Bernau seit der Silvesternacht 2015 dann doch realisiert, dass unser Beitrag in der Philologenzeitschrift 3/2015 nur ein winziges Steinchen des Anstoßes in der zerklüfteten Landschaft kaum beherrschbarer Probleme bedeutet, die mit dem Flüchtlingsstrom über uns gekommen sind.

---

[75] ebenda

In "Spiegel Online" vom 12.11.2015 treibt es der Redakteur Andreas Bocholte noch toller. Hier bezichtigt er mich als traditionsbewussten, deutschen Kolonialisten und Nazi-Ideologen, er interpretiert in den Leitartikel eine Lesart hinein, die man diesem Editorial wahrhaftig nicht abgewinnen kann: „*Unglücklich kann man das schon nennen, wenn ausgerechnet der Vorsitzende eines Philologen-verbands, der in der aufgeheizten Debatte über Flüchtlinge eigentlich eher im humanistischen, nicht im hetzerischen Sinne aufklären sollte, die gleichen Ressentiments bedient wie einige der zurzeit schlimmsten Demagogen im Lande, zum Beispiel AfD-Mann Björn Höcke, der gerne von ‚Angstträumen' schwadroniert, die besonders für ‚blonde Frauen' größer würden und in denen sie unsittlich angesprochen werden könnten, ‚wie es bei uns im Abendland normalerweise nicht üblich ist'. Es geht also um Deutschland, der Butzemann, der Buhmann, der mit diffusen Ängsten besetzte Fremde. Zu Tausenden kommt er zurzeit aus aller unchristlicher Herren Länder zu uns und hat es vermeintlich zuallererst darauf abgesehen, unsere Frauen und Kinder zu schänden, zu morden und zu brandschatzen, unsere Kultur zu usurpieren und unsere Reichtümer zu rauben.*"[76] Er zieht alle Register, um seine üblen Hetztiraden gegen mich auch in historische Vergleiche zu gießen, die man selbst mit schwärzester Fantasie nicht aus dem Philologen-Leitartikel ziehen kann.

---

[76] Andreas Bocholte: "Fremdenfeindlichkeit: Wenn der Buhmann umgeht", in: Spiegel Online, 12.11.2015, 17:03 Uhr

Es wird sogar noch heftiger, weil er es tatsächlich wagt, unseren Beitrag mit dem für HJ-Pimpfe bestimmten, verbrecherischen Machwerk aus der Nazizeit "Der Giftpilz" in eine geistige Brandstifter-Schublade zu pressen: *"Das Buch ist voller Geschichten über betrügerische jüdische Händler und Anwälte oder Ärzte, die sich an deutschen Mädchen vergreifen. Solche anerzogenen Ängste und Ekelzuschreibungen sind die Grundlage, auf der fremdenfeindliche, wenn nicht rassistische Ressentiments einen fruchtbaren Boden finden, den Populisten eifrig beackern."*[77] Antisemitismus? Rassismus? Eine winzige, vom finsteren Hass auf die Juden geprägte Textstelle aus Hitlers Machwerk „Mein Kampf" soll als Vergleichstext mit dem meinen herangezogen werden, damit der geneigte Leser sieht, womit mich dieser Journalist auf eine Stufe stellt.

„Der schwarzhaarige Judenjunge lauert stundenlang, satanische Freude in seinem Gesicht, auf das ahnungslose Mädchen, das er mit seinem Blut schändet und damit seinem, des Mädchens, Volke raubt. Mit allen Mitteln versucht er, die rassischen Grundlagen des zu unterjochenden Volkes zu verderben. So, wie er selber planmäßig Frauen und Mädchen verdirbt, so schreckt er auch nicht davor zurück, selbst in größerem Umfange die Blutschranken für andere einzureißen. Juden waren es und sind es, die den Neger an den Rhein bringen, immer mit dem gleichen Hintergedanken und klaren Ziele, durch die dadurch zwangsläufig eintretende Bastardisierung, die ihnen die verhaß-

---

[77] ebenda

te weiße Rasse zu zerstören, von ihrer kulturellen und politischen Höhe zu stürzen und selber zu ihren Herren aufzusteigen. Denn ein rassereines Volk, das sich seines Blutes bewußt ist, wird vom Juden niemals unterjocht werden können. Er wird auf dieser Welt ewig nur der Herr von Bastarden sein." [78]
Mit solcherart verbrecherischer Hetze, die direkt zu den Tätern nach Auschwitz führt und beispielsweise den Herausgeber des „Stürmers", den gescheiterten Volksschullehrer Julius Streicher, in Nürnberg an den Galgen brachte, wagt ein Mensch, der gesunden Verstand für sich beansprucht, unseren harmlosen Beitrag zu vergleichen? Es ist schleierhaft, wie „DER SPIEGEL", der immer auf seriöse Berichterstattung Wert legt und dessen historische Beiträge ich immer als sehr sauber recherchiert empfand, solche an den Haaren herbeigezogenen Parallelen stillschweigend akzeptiert. Schlimm genug, wenn mir in einigen Zuschriften solche Beleidigungen zuteil wurden, aber das kommt meist nicht von Journalisten. Von denen erwartet man immer den verantwortungsvollen Umgang mit unserer Sprache.
Zumindest scheut der Verfasser des Essays (so nennt er dieses Konglomerat aus historisch fehlerhaften Bezügen und bekenntnishafter Polemik schwungvoll) an dieser Stelle den direkten Vergleich mit unserem Beitrag. Warum bloß? Das liegt wohl auf der Hand. Natürlich suggeriert er damit die pauschalisierende Unterstellung, ich

---

[78] Adolf Hitler: "Mein Kampf", zitiert nach Werner Maser: "Hitlers Mein Kampf", Bechtle Verlag München und Esslingen, 1966, in: Der Spiegel, 35/66, 22.08.1966, Serie: "Fahrplan eines Welteroberers (IV)"

würde auch vor dem Juden und selbstredend vor dem "*zornige(n), fremde(n) Schwarze(n) mit dem Mega-Gemächt und der unersättlichen Rache- und Sexlust*"[79] warnen. Ich sollte, so Bocholte, einfach zur Kenntnis nehmen, dass der junge, muslimische Mann (wieder ein allegorisierender Singular), der nach seiner Darstellung "*die beschwerliche Flüchtlingsroute nach Deutschland auf sich nimmt, im Grunde auch nur seine zunächst zurückgelassene Familie beschützen will – und zwar vor dem Fremden und der Gewalt in seinem eigenen Land ...*",[80] immer mit redlichen Absichten, versteht sich. Was für eine verblüffende Logik! Die kräftigsten Beschützer lassen also ihre Familien im Stich, um sie hier in Deutschland vor dem Islamischen Staat oder anderen Bürgerkriegsparteien zu beschützen? Auf solche Paradoxie muss man erst einmal kommen. Vor dem Hintergrund derartiger argumentativer Überzeugungskraft kann es kaum überraschen, dass er auch noch die weltfremde Frage stellt, ob es denn wahr sei, dass der "*Muslim an sich ... die Frau ja nicht im gleichen Maße (achte), wie der vermeintlich christlich-zivilisierte Deutsche ...*"[81] Wenigstens das hätte er doch nicht in Zweifel ziehen müssen: Es ist so und folgerichtig ist der Konjunktiv durch den Indikativ zu ersetzen. Vielleicht soll das aber nur eine

---

[79] Andreas Bocholte: "Fremdenfeindlichkeit: Wenn der Buhmann umgeht", in: Spiegel Online, 12.11.2015, 17:03 Uhr

[80] ebenda
[81] ebenda

besonders abgefeimte Form von Sarkasmus sein? Aber er meint das wohl ganz ernst: Natürlich hätte ich in meinem „*fremdenfeindlichen Artikel*" auch den "*aggressiven muslimischen Sexprotz*"[82] beschworen. Nach seiner abstrusen Logik ist wirklich nur diese Schlussfolgerung möglich.

---

[82] ebenda

"Mit einer undifferenzierten Willkommenskultur können wir diese Probleme nicht lösen und es gibt viele Frauen, die als Mütter heranwachsender Töchter die nahezu ungehemmten Einwanderungsströme mit sehr viel Sorgen betrachten." (EDITORIAL)

Antiquiertes Frauenbild

Gerade wegen dieses – sich längst bewahrheiteten – Satzes wurde ich und meine Stellvertreterin übel angefeindet, u. a. als Nazi-Lehrer beschimpft, denen man seine Kinder beim besten Willen niemals anvertrauen könne. Da schrieben mir, oder besser gesagt: über mich, einige wenige Vertreter aus dem linksradikalen Lager, die sich zynisch "besorgte Demokraten" nennen, aber nicht einmal den Mut besitzen, ihre Namen preiszugeben. Deren Zuschriften strotzen vor Hasstiraden, Beleidigungen, Dummheit und Intoleranz, eine gefährliche Mischung, die den Schwarzen Block demagogisch anheizt. Deren Gesinnung basiert auf der anarchistischen Überzeugung, dass die rechtsstaatlichen Fundamente unserer Gesellschaft in Trümmern zu legen seien, um daraus wie Phönix aus der Asche ein für alle vorteilhaftes Gemeinwesen zu kreieren, von dem diese gefährlichen Spinner selbst keine Vorstellung haben.

Ein solcher Wirrkopf sei hier zitiert: *"In einer Welt, in der Menschen Schutz vor Krieg und Gewalt suchen, fällt hässlichen glatzköpfigen Freaks wie Mannke, die wahrscheinlich keinen Stich bekommen (was auch immer da-*

mit gemeint sein soll – d. V.), *nichts anderes ein, als goebbelsmäßig vor sexuellen Übergriffen der Schwachen und Verfolgten zu warnen. Empirische Belege für den Scheiß, der da behauptet wird, gibt es nicht. Im Gegenteil – die Gewalt geht von euren Ossi-Söhnen und -Töchtern aus, die Kinder abfackeln und verprügeln. Verdammt, ich will die Mauer wieder, die den Rest der Welt vor Nazi-Freaks wie euch geschützt hat. Für solche Pegida-Spakos zahl ich auch noch Soli-Zuschlag."* Wolfram E. aus Köln (!) schlägt ebenfalls in die Kerbe vom blöden Nazi-Ossi. Mein Beitrag sei für ihn Bestätigung dafür, *"dass es sich bei den ehemaligen Ostzonalen um ein offen rassistisches Volk handelt, deren (sic) Vertreter keine Gelegenheit auslassen, sich selbst als Opfer darzustellen. Woher kennen wir das, Herr Geschichtslehrer Mannke? 25 Jahre lang haben wir euch den Hintern mit Geld vollgeblasen und was ihr macht, ist Ruf und das Ansehen Deutschlands in euren braunen Sumpf hinabzuziehen. Ich schäme mich für euch. Aber ihr macht ruhig weiter so, bestimmt bekommt ihr bald wieder euren Führer, den ihr ja nach 40 Jahren DDR verloren habt und den ihr so schmerzlich vermisst."* Neben der mangelhaften inneren Logik und fehlender Geschichtskenntnisse, wovon diese Äußerungen zeugen, vermisse ich eine differenzierte Meinungsbildung und besonders Toleranz, die gerade solche Leute immer wieder energisch einfordern. Allerdings ist es müßig und völlig sinnlos, solchen engstirnigen und hasserfüllten Fanatikern mit Argumenten zu widersprechen. Empirische Belege für sexuelle

Übergriffe von Flüchtlingen gibt es leider zur Genüge. In einer anderen Zuschrift an mich wird ebenfalls die Forderung erhoben, dass ich meine "unfundierten Aussagen" (das Wort infundiert gibt es) doch belegen solle: *"Sie müssen doch sehen, dass fast alle Ihrer Aussagen völlig bestandslos sind, außer natürlich, Sie können wissenschaftliche Quellen für Ihre 'Annahmen' nennen?"* Alois Kösters wirft uns mangelnde Erfahrung im Umgang mit muslimischen Männern vor, womit er zweifellos recht hat. Allerdings hat sich seine Theorie von der *"Ermangelung unmittelbarer Anschauung"*[83] nicht bestätigt, angesichts der zahllosen Konflikte zwischen Teilen unserer Bevölkerung und den Eingewanderten. Kösters, der für die "Magdeburger Volksstimme" am 9.11.2015 unter der Rubrik "Aufgespießt" die beiden Verfasser des Editorials ironisch unter die Lupe nimmt, meint, dass unser Beitrag eine wissenschaftliche Rezension verdient. Das gibt der Artikel nun wirklich nicht her. Da auch er den Beweis für die Behauptung schuldig bleibt, wonach die meist jungen Flüchtlinge völlig problemlos mit unseren Vorstellungen von Emanzipation zurechtkommen, hakt er immerhin pseudowissenschaftlich nach: *"Beide Autoren beherrschen die Methodik der 'einfühlenden Betrachtung' souverän. Mannke gelangt so zu der Universalthese: 'Auch ungebildete Männer haben ein Bedürfnis nach Sexualität.' Frau Seltmann-Kruke gibt der Abhandlung dort eine frische, persönliche Note, wo sie zur Erkenntnis gelangt:*

---

[83] Alois Kösters: "Aufgespießt. Die Rezension: Gefühltes Wissen", in: Magdeburger Volksstimme, 09.11.2015

Muslimische Männer sind oft attraktiv. Auch hier muss man davon ausgehen, dass sie nicht am Forschungsstandort Flechtingen zu dieser Erkenntnis gelangt ist, da dort der samtäugige Muselmane eher selten ist."[84] Das stimmt, aber in Köln auf der Domplatte, in München, Frankfurt, Stuttgart, Hamburg oder Berlin, wohin sich ab und zu einmal ein naives ostdeutsches Schäfchen verirrt, kann man sehr viele davon bewundern. Nicht nur bei Kösters fiel mir auf, dass kaum einer der Empörer sich zum Umgang der Muslime mit Frauen äußerte, wohl wissend oder zumindest dunkel ahnend, dass sich diese Haltungen mit unseren Wertvorstellungen nicht in Übereinstimmung bringen lassen oder schlicht und ergreifend deshalb, weil es zu wenige Beispiele dafür gibt, wonach Männer dieses Kulturkreises gleichberechtigte Partnerschaften pflegen. Einige giftige Anfeindungen, wegen mangelnder Belege zur Bekräftigung eigener sozialromantischer Vorstellungen vom nach Gleichberechtigung der Frau strebenden muslimischen Mann, gab es unter den Tausenden Reaktionen trotzdem. Stephan G. empfindet meine *„inhaltlichen Einlassungen"* peinlich und unterstellt mir eine faschistoide Intention: *„Sie malen in einem rechtsnationalen Pamphlet übelster Art das Bild marodierender Jung-Männer-Horden an die Wand, die es nachgerade vergewaltigungsgeil auf unsere Frauen und Mädchen abgesehen haben – schämen Sie sich eigentlich nicht dafür?"* Hier wird mir mit verbaler Attacke und in

---

[84] ebenda

völliger Unkenntnis sowohl des Editorial-Textes als auch der Termini nationalsozialistischer Demagogie etwas unterstellt, was beim schlechtesten Willen dem Leitartikel nicht zu entlocken ist. Solcherart an mich verfasster Unsinn hielt sich glücklicherweise in engen Grenzen. In den meisten Zuschriften wurde mir recht gegeben. Sehr viele Verfasser berichteten von ihren eigenen Erfahrungen mit dem antiquierten Frauenbild der Männer aus dem Morgenland oder zeigen, dass nicht alle über den berüchtigten Kamm zu scheren sind. Michaela Romdhani sieht sich selbst als Teil einer „Multi-Kulti-Familie" (ich würde eher sagen – ein gelungenes Beispiel für Integration), ihr Mann Khelil ist in Tunesien geboren, sie erziehen sechs Kinder und beide Eltern arbeiten dennoch in Vollzeit. Auf diesem Wege *„möchten wir uns BEIDE GANZ HERZLICH für ihre WAHREN offenen Worte in der Öffentlichkeit im Hinblick auf die derzeitige Situation in Deutschland bedanken. Sie treffen den Nagel auf den Kopf. Ein jeder verantwortungsbewusste Pädagoge muss der kläglichen Situation Rechnung tragen und aufklären. Sie verdienen unseren höchsten Respekt für Ihren Mut (traurig, dass man dieses Wort gebrauchen muss, wenn jemand die Dinge beim Namen nennt). Bitte lassen Sie sich keinen Maulkorb verpassen, denn das hatten wir schon mal vor 25 Jahren."* Hunderte schrieben ähnlich, machten Mut und gaben mir moralischen Beistand. Es sind Menschen, die ich wohl nie in meinem Leben kennenlernen werde. Familie K. aus Goseck, selbst Eltern von zwei acht- bzw. dreizehn Jahre alten Mädchen, danken für die

„*aufrüttelnden Worte*" und dafür, „*dass Sie den Mut hatten, diese in Ihrer Position öffentlich zu äußern. Es ist verantwortungslos, die Augen zu schließen und Redeverbot zu erteilen. Wir möchten ausdrücklich darauf hinweisen, dass wir nicht ausländerfeindlich sind. Wir haben auch bereits Kleider und Spielzeug für Flüchtlinge gespendet.*" Der Diplomingenieur Michael G. aus Chemnitz ist viel in den Vereinigten Arabischen Emiraten und im Iran unterwegs gewesen und erlebte dort den Umgang mit Frauen im täglichen Leben: „*Kein muslimischer Mann geht mit seiner Freundin oder Frau im öffentlichen Raum Hand in Hand. Nach einer festen Bindung kommt in der Regel das blanke Elend. Danke, dass Sie davor warnen ... Mein gesamter Bekannten- und Freundeskreis sagt ‚ja' zu Ihrer Position.*" Bärbel M. schätzt, nicht nur als dreifache Mutter, unsere Kinder als höchstes und wertvollstes Gut, das man schützen und aufklären müsse, „*auch vor dem Hintergrund, dass diesen jungen Männern (die meisten von ihnen sind islamgläubig und kennen unsere Grundwerte nicht) Gleichberechtigung von Mann und Frau fremd sind.*" Frau Dr. Amodi gibt in dieser Debatte einen anderen Aspekt zu bedenken, den sie folgendermaßen formuliert: „*Jürgen Mannkes Forderung zum Schutz unsere jungen Mädchen dürfte für die meisten heute heranwachsenden selbstbewussten und selbst bestimmenden Mädchen nicht erforderlich sein. Das Problem haben nicht die Mädchen, sondern die Jungs! Durch den starken Flüchtlingszustrom von jungen Männern gibt es in einigen Gegenden einen signifikanten*

Überschuss an männlichen Jugendlichen bzw. jungen Erwachsenen. Damit ergeben sich „chinesische" Geschlechter-Verhältnisse was für betroffene Jungen und junge Männer (diejenigen die dann keine Partnerin finden) einen negativ prägenden Einfluss auf das weitere Leben haben dürfte." Eben diese Elisabeth Amodi sandte mir am 9.11.15 ihr hochinteressantes Buch "Liebe im Schatten der Pyramiden", das ihre Jahre in Ägypten schildert, nebst einem längeren Begleitschreiben zu, in dem sie auf die gesellschaftlichen Probleme zwischen Mann und Frau in orientalischen Ländern zu sprechen kommt. Sie selbst war 25 Jahre mit einem Ägypter verheiratet und lebte lange Zeit in dem Land am Nil: "*Ich ... habe mit Ägyptern aller Schichten zu tun gehabt, bin in Kairo in Vierteln gewesen, in die weder ein Ausländer noch ein Ägypter der Oberschicht je einen Fuß hinsetzt und habe mich eingehend mit Mentalität, Lebenseinstellung, Moral, Vorstellungen von Ehe und Partnerschaft, Weltsicht, Vorurteilen usw. befasst. Ich hatte eine eigene Näherei, in der ich nur Frauen beschäftigt habe, (aus gutem Grund) die mir Einblick in ihre Nöte, Sorgen, Wünsche und Träume erlaubten. Obwohl mein Mann aus einer angesehenen, wohlhabenden Familie kam, deren Söhne im Ausland studierten, wo man weltoffen und nicht religiös geprägt war und ich mich weitestgehend den Gegebenheiten anpasste, war die Ehe kein Erfolg. Heute lebe ich wieder in Deutschland und ärgere mich, wie unwissend und unbedarft viele unserer Politiker mit der derzeitigen Krise umgehen. Es geht hier nicht darum, diese*

Männer schlecht zu machen und als potenzielle Belästiger und Vergewaltiger darzustellen, sondern den Menschen die großen Unterschiede in der Sozialisation und der Weltanschauung klarzumachen und ihnen zu erklären, wie sie uns sehen. Darin allein liegen schon unendlich viele Möglichkeiten für Falschinterpretationen und Missverständnisse." Sie berichtet davon, wie Jungen, „kaum den Windeln entwachsen" als Männer gesehen werden, die sich alles erlauben können und bei denen alles entschuldigt wird. *„Er hat seine Frau geschlagen? Aber was willst du? Er ist ein Mann! Sicher hatte er einen Grund! Schon damals wurden Frauen auf der Straße oder im Bus, oder wenn irgendwo Gedränge war, massiv belästigt und begrapscht, wenn auch nicht im Entferntesten so brutal wie heute."* In der muslimischen Welt werden Jungen und Mädchen sehr früh getrennt und über Sex, welcher als unrein empfunden wird, darf nicht gesprochen werden. Kein Wunder, dass eine solche Tabuisierung zu eigentlich unerwünschten Reaktionen führt. Die Söhne reicher Ägypter, die auf europäischen oder amerikanischen Schulen unterrichtet wurden und deshalb einen für uns normalen Umgang mit Frauen und Mädchen pflegen, sind garantiert nicht diejenigen, welche mit der Fluchtwelle zu uns gekommen sind. Die Männer, besonders aus den einfachen Schichten, leben in einem für uns Europäer schwer nachvollziehbaren Dilemma, was Elisabeth Amodi sehr plastisch beschreibt: *Eine Freundin zu haben, verbietet die gängige Moral, Sex vor der Ehe ist streng verboten, also muss er heiraten. Dazu braucht* *er Geld, denn er muss eine Wohnung vorweisen, er muss Schmuck, Brautgeld, Morgengabe bezahlen und das Fest kostet auch eine Menge. Das kann er nicht, wie der Großteil seiner Landsleute auch. Trotzdem hat er aber Bedürfnisse und ist deshalb im Dauerfrust. Daher wird belästigt, begrapscht und befummelt, sobald sich die Gelegenheit dazu bietet, und zwar ohne jede Scham oder Schuldeinsicht ... Dass sich diese jungen Leute in einem permanenten sexuellen Notstand befinden, führt dazu, dass sie schon ein harmloses Lächeln, einen unbefangenen Scherz, eine völlig unbefangene Geste oder einen Blick als Aufforderung zum Sex interpretieren. Werden sie zurückgewiesen, sind sie empört ... In ihrer Vorstellung gibt es KEINEN harmlos freundschaftlichen Kontakt mit Frauen! Des Weiteren glauben sie, dass Frauen und Mädchen hier, weil sie die Freiheit haben, zu tun, was sie möchten, auch alles tun, was sie sich in ihrer Fantasie vorstellen. In den Augen dieser Männer sind wir durchweg Schlampen, an denen man sich ohne Weiteres vergreifen kann. Freizügige Kleidung kann nur eines bedeuten: 'Aufforderung zum Sex.' Grundtenor: Die sind nur zum ... gut, zum Ausleben der Bedürfnisse, geheiratet wird auf jeden Fall die einheimische Jungfrau. Wer diese Tatsachen verleugnet und herunterspielt, der lügt!"* Viele der asylsuchenden, alleinstehenden Männer wollen eine Deutsche heiraten, um das Bleiberecht zu bekommen: "*Wenn sie es haben, wird die Deutsche abserviert und die heimische Jungfrau geholt, wie es von Anfang an geplant war. Für Muslime ist Lügen erlaubt, wenn sie einen* 'kuffar' (Ungläubigen) belügen." Liebe wird als vorübergehende Gefühlsverirrung betrachtet und gilt nicht als Heiratsgrund. Da spielen Geld, Besitz und Beziehungen die entscheidende Rolle. Ich denke wie Elisabeth Amodi, dass solche Wahrheiten, die keine Hetze sind, unseren Schülerinnen nahegebracht werden müssen. Als Lehrer sehe ich auch darin unseren Berufsstand in der pädagogischen Verantwortung. Den jungen Männern, die zu uns kommen, muss schon erläutert werden, dass bei uns Frau und Mann Gleichberechtigung genießen und das weibliche Geschlecht kein Objekt zügelloser Begierde sein darf. Das ist eine gesellschaftliche Aufgabe, der wir uns zu stellen haben; mit falsch verstandener Toleranz ist keiner Seite geholfen. Man hört "aus vielen Orten in Gesprächen mit Bekannten, dass es zu sexuellen Belästigungen im täglichen Leben, vor allem in öffentlichen Verkehrsmitteln und Supermärkten kommt" – So stand es im EDITORIAL und führte zu heller Empörung bei all denjenigen, die ihre Augen vor der Realität verschließen. So möchte sich Heike S. aus Berlin von mir keine primitiven Ratschläge erteilen lassen: *"Sie bewegen sich da auf dem gleichen Niveau wie Björn Höcke, der zu wissen meint, von was die blonde deutsche Frau in letzter Zeit Albträume bekommt. Für mich sind das dümmliche Männerfantasien, die aus Angst vor Konkurrenz entstehen."* Davon abgesehen, dass ich der Dame gern den einen oder anderen Rat zur Anwendung guter deutscher Stilistik erteilen könnte, scheint auch sie meinen Text nicht richtig gelesen oder zumindest nicht verstanden zu haben. Aber sie unterschätzt das sexuelle Problem der meist jungen Muslime, die hier oft zu monatelangem Nichtstun verurteilt sind, weil sie garantiert keine diesbezügliche Erfahrung hat: *"Warum sollen die Ankommenden, männliche Muslime, keine sexuellen Bedürfnisse haben, die hier immer wieder angezweifelt werden? Es sind Menschen! Männer! Und sie sind allein! Wie kann irgendjemand glauben, dass diese jungen Männer nicht gern Kontakt zu unseren jungen Mädchen und Frauen aufnehmen wollen? ... Erst wenn die Mädchen und Frauen Gewalt erfahren und es nicht mehr verschwiegen werden kann, dass hier vergewaltigt wird, werden es wieder die Politik und die Medien sein, die alles herunterspielen ..."*, schreibt mir Peter L. Natürlich, so formuliert es F. M. Hoffmann, *"geben größere, von der Außenwelt ferngehaltene Ansammlungen beschäftigungsloser junger Männer einen idealen Nährboden für erotische Fantasien ab. Es kann jedoch keine Rede davon sein, dass diese zwangsläufig kriminellen sexuellen Handlungen zur Folge haben. Wer je über einen längeren Zeitraum zu mehreren in einer Kaserne eingesperrt war, wird beide Sachverhalte bestätigen können."* Die große Mehrheit äußerte im überquellenden Gästebuch des Weißenfelser Goethegymnasiums Verständnis für meine Sorge, pflichteten mir bei, trugen eigene Positionen vor: *"Deutsche bzw. hellhäutige und blonde Frauen gelten bei fast allen männlichen Flüchtlingen als begehrte Exoten. Wann hört in diesem Land endlich die 'Mundtotmachung' auf?"*, schreibt Danielle M. Es sei Fakt, so ein anonymer Kommentator, dass „*1,3 Millionen zusätzliche Männer in Deutschland, insbesondere im Alter von 16-35 Jahren zum Problem für jede Frau in Deutschland werden können. Es entsteht ein Ungleichgewicht. Und wozu das führt, kannst du in schwedischen Kriminalstatistiken nachlesen."* Zu dem Vorwurf einiger Leser, ich würde unbewiesene Gerüchte in die Welt streuen, schreibt Michael aus Lübeck: "*Ganz großes Kino! Einfach den Wahrheitsgehalt unangenehmer Äußerungen per frecher Behauptung anzweifeln! Ehrenmorde, die Geringschätzung der Frau im Islam, die Verachtung von 'Ungläubigen', die Unmöglichkeit einer Heirat zwischen einem Muslim und einer 'Ungläubigen', all das und mehr sind bei ihnen keine Belege, selbst wenn der Koran es vorschreibt und die Realität sie uns täglich vor Augen führt?"* Während rot-grüne Politiker eine noch viel größere Zahl von Migranten in Deutschland wünschen, berichten die Helfer, die täglich mit Flüchtlingen zu tun haben, von den Problemen, die wir jetzt schon mit ihnen haben. Jörg aus Hamburg schreibt: "*In unserer Einrichtung für unbegleitete minderjährige Flüchtlinge (zumeist aus Eritrea, Syrien, Afghanistan und Somalia) machen wir ähnliche Beobachtungen, wie jene, die Sie geschildert haben. Weibliche Mitarbeiterinnen/Praktikantinnen werden als Respektspersonen nicht akzeptiert, des Öfteren mit obszönen sexuellen Gesten belästigt oder gar 'begrapscht'. Aus Schulen, die unsere männlichen Jugendlichen besuchen, hagelt es Beschwerden über sexuelle Belästigungen weiblicher Mitschülerinnen; die allgemeine Einstellung gegen-*

über Frauen ist eine höchst reaktionäre und sexistische ..." Bei einer Diskussion der CSU in Siegertsbrunn zum Thema Asyl regte ein pensionierter Pfarrer an, Asylbewerbern die Dienste von Prostituierten zur Verfügung zu stellen. Das erfahren wir aus dem "Münchener Merkur" am 08.03.2015. In einer Reaktion darauf gab mir ein Teilnehmer jenes Forums folgende Erklärung des Gottesmannes zur Kenntnis: *"Der Gedanke kam, als mir ein Freund erzählt hat, dass in sein Dorf 100 Asylbewerber kommen und jetzt viele Angst hätten, dass so viele Männer die Frauen im Ort belästigen könnten. Ob begründet oder nicht: Diesen Ängsten will ich damit begegnen. Denn es gibt sie ... Ich möchte doch bestimmt kein Flatrate-Bordell für Asylbewerber, aber klar ist: Diese Männer haben ein sexuelles Bedürfnis. Da machen wir aber die Augen zu. So weit denkt niemand."* Und wenn keine Aussicht besteht, sich wenigstens auf diese, zugegeben etwas makabre Weise zu integrieren, dann frustriert das viele Flüchtlinge, sie suchen eine Lösung für ihr Problem und einige brechen gewaltsam gesellschaftliche Tabus, wie am 27. September 2016 in der Asylunterkunft Berlin-Moabit, einen Steinwurf vom Kanzleramt geschehen. Würde man europäische Männer unter solchen Verhältnissen unterbringen, würde es kaum anders aussehen. Auch der im Folgenden berichtete Fall wäre wohl denkbar.

Ein 27-jähriger Pakistani hatte die sechsjährige Tochter eines 29-jährigen Irakers sexuell belästigt und damit die Polizei auf den Plan gerufen. Als die Beamten den Täter fassten und in ihren Wagen verbringen wollten, stürmte der Iraker ohnmächtig im Zorn mit einem Messer auf den Missetäter zu und letztendlich mussten die Polizisten von der Schusswaffe Gebrauch machen, um den angreifenden Vater abzuwehren. Dieser starb aufgrund seiner schweren Verletzungen kurz danach im Krankenhaus. Die Zustände am Tatort, in der als Heim genutzten Traglufthalle in Berlin-Moabit lassen keine Privatsphäre zu. Die Kabinen dort sind eng, nicht abschließbar, kein Schutz, keine Abstände zwischen den Leuten und keine Sicherheit für Frauen und Kinder, die ständig sexuellen Übergriffen der dort behausten Männer ausgesetzt sind. Johannes-Wilhelm Rörig, Beauftragter der Bundesregierung für Fragen des sexuellen Missbrauchs an Kindern, bettelt seit Monaten um ein Gesetz, das räumliche und personelle Mindeststandards zum Schutz von Kindern und Jugendlichen vorschreibt, bisher vergeblich. Gegenüber der Tageszeitung "Die Welt" sagt Rörig am 29.09.2016: "*Ich hoffe, dass nach diesem schrecklichen Vorfall jetzt sehr schnell gehandelt wird. Es zeigt in eklatanter Weise, wie ungeschützt Kinder und Jugendliche in Großunterkünften sind. Das sind aus Sicht des Kindeswohls sehr gefährliche, ungeeignete Orte.*"[85] Das nicht zumutbare Nähe-Distanz-Verhältnis macht Flüchtlingsunterkünfte zu einem attraktiven Ort für Pädophile, schätzt die Psychologin Hannah Krunke ein. Allein in den ersten drei Monaten seien 128 Missbrauchsfälle in deutschen

---

[85] Michael Behrendt, Sabine Menkens, Freia Peters: "Tragödie im Berliner Flüchtlingsheim", in:Die Welt, 29.09.2016

Asylantenheimen bekannt geworden, registriert Annette Groth, menschenrechtspolitische Sprecherin der Linken im Bundestag. Zieht man dann noch das traditionelle Frauenbild der Muslime und dessen Folgen ins Kalkül, dann kann daraus ein explosives Gemisch entstehen, das kaum mehr beherrschbar ist.

In den Sommermonaten kommt noch ein weiteres Problem dazu. Im SPIEGEL brachte Laura Backes die Bandbreite dieser Mischung aus Tatsachen und Gerüchten auf den Punkt und zeigt mit einem Beispiel aus dem Freibad Kirchheim unter Teck in Baden-Württemberg auf, wie tief der Riss durch die deutsche Gesellschaft in dieser Frage geht: *"Ein 17-jähriger Asylbewerber aus Mali war über ein Geländer ins Becken gesprungen, der Bademeister wollte ihn aus dem Bad werfen. Als der junge Mann sich weigerte, rief der Bademeister die Polizei. Bei der Festnahme verletzte der Asylbewerber zwei Beamte und wurde dabei angefeuert von etwa 30 Badegästen. Sie beschimpften die Polizisten als 'Rassisten', einer packte den Bademeister am Hals.*
Plötzlich kamen mehrere Mütter und Töchter, einige weinten. Arabisch aussehende Männer hätten die Mädchen im Nichtschwimmerbecken an Brust, Po und im Schritt berührt. Im Strömungskanal sei ihnen der Bikini vom Körper gerissen worden, ein Mann habe sein erigiertes Glied an zwei Mädchen gerieben. Das älteste Mädchen war 14, das jüngste 10 Jahre alt. Inzwischen hat die Polizei zwei mutmaßliche Täter ermittelt, einen 21-jährigen Asylbewerber aus dem Irak und einen 17-

jährigen Afghanen."[86] Es ist ein hoch sensibles Thema, aber ein Verbot darf es deshalb nicht geben, solche Übergriffe anzusprechen. Sicher gibt es dabei auch hysterische Reaktionen und manche falsche Verdächtigung, aber mit Totschweigen munitioniert man jene auf, die alle Asylanten unter den Generalverdacht stellen, potenzielle sexuelle Straftäter zu sein.
Inzwischen weiß freilich jeder halbwegs informierte Mensch in Deutschland, dass diese Übergriffe vielfach in allen Regionen Deutschlands stattfinden und seit den Kölner Silvesterereignissen wird endlich auch offen darüber berichtet. In den Novembertagen galt das weitestgehend als Tabu. Nichtsdestotrotz erreichten mich zahlreiche Zuschriften, in denen genau davon – aus eigenem Erleben – erzählt wurde.
Am 11. November 2015 schrieb mir eine Kollegin, die in Halle an einer Bbs unterrichtet, einen längeren Brief unter dem Eindruck des über mich hereingebrochenen Shit-Storms. Darin drückt sie mir gegenüber "*Dank und Hochachtung"* aus und beklagt, dass die Mehrheit der "*Bürger schweigt aus Angst vor persönlichen Repressalien."* Sie kritisiert, nicht zu Unrecht, dass in meinem Editorial "*Beispiele zu Vorkommnissen aus der Praxis von Eltern und Schülern des Goethegymnasiums fehlen."* Solche Erfahrungen wurden mir als Schulleiter aber nicht mitgeteilt, obwohl es auch in Weißenfels – die Stadt mit dem höchsten Ausländeranteil in Sachsen-Anhalt – Vorkommnisse

---
[86] Laura Backes: "Flüchtlinge im Freibad. Im Gerüchtestrudel", in: Der Spiegel, 35/2016, S. 32, 33

dieser Art geben könnte. Konsequenterweise berichtet die Hallesche Berufsschullehrerin über persönliche, sie befremdende Begegnungen mit Flüchtlingen: "*Schon im August und September 2015 wurden auch Schülerinnen und meine Person als Sportlehrerin von muslimischen Flüchtlingen fotografiert, angepöbelt und anzüglich beschimpft, nur, weil diese sich in kurzen Hosen und T-Shirt im Freien bewegten. Ich verbat mir dies mehrfach, leider ohne Erfolg, da diese jungen Männer weder der deutschen Sprache mächtig waren noch aufgrund eines anderen Kulturkreises unsere Regeln und Normen kennen ... Auch in meiner Schule äußerten sich junge Mütter besorgt zu den Vorfällen der Beleidigung oder sexuellen Nötigung männlicher Flüchtlinge ihren Kindern gegenüber im privaten Bereich.*" Birgit D. aus Oldenburg ist weder rechtsradikal noch fremdenfeindlich und empfindet es als „*Skandal*", dass jeder, der diese unbequemen Tatsachen ausspricht, mundtot gemacht wird. Sie drückt ihre Besorgnis darüber aus, „*dass unsere christlichen und demokratischen Werte immer mehr übergangen werden, je zahlreicher die muslimischen Menschen hier im Land ihre Werte leben.*" Sie ist eine akademisch gebildete Mutter einer siebzehnjährigen Tochter und diese und deren Freundinnen "*sind permanent sexueller Belästigung durch muslimische Männer ausgesetzt. Sie werden als unrein betrachtet und sind Freiwild für diese Männer, welche keinerlei Respekt besitzen.*" Helga K. aus Bitterfeld-Wolfen berichtet von einer jungen Krankenschwester, die im Fahrstuhl von drei jungen Asylanten sexuell belästigt wurde, worauf diese "*dann lachend den Lift verließen und schnell verschwanden. Die Pflegerin geht jetzt nur noch mit Pfefferspray aus dem Haus. Wehret den Anfängen, müsste es überall heißen."* Drastischere Erlebnisse schildert Daniel H.: „*Meine große Tochter wurde selbst schon Opfer von sexueller Belästigung durch einen jungen Moslem aus Pakistan. Damals war sie gerade 12 Jahre alt. Nach einer Verurteilung zu einer Bewährungsstrafe passierte – Sie ahnen es – nichts. Ihre Klassenkameradin wurde gerade erst vor zwei Wochen von einer Bande junger Muslime mitten am Tage auf dem Heidelberger Bismarckplatz bis in die McDonalds-Filiale verfolgt. Auf dem Wege zwischen Erstunterkunft im Heidelberger Patrick-Henry-Village und dem Stadtteil Kirchheim, auf dem nun sehr viele sogenannte Flüchtlinge unterwegs sind, um nach Heidelberg zu gelangen, kommt es schon seit Monaten regelmäßig zu 'Begegnungen' mit den jungen Mädchen und Frauen des dortigen Reiterhofes. Pferde werden angehalten, Autos gestoppt und die Mädchen belästigt. Selbst Mütter, die ihre Töchter abholen wollen, sind davor nicht mehr sicher. Als Vater von zwei Töchtern mache ich mir sehr große Sorgen. Umso mehr haben mir Ihre Worte Mut und Stärke gegeben, dass wenigstens einige Lehrer ihren Erziehungs- und Schutzauftrag ernst nehmen und bereit sind, meine Töchter wenigstens aufzuklären."* Studienrat Günther B. aus Bockenem teilt meine Sorgen aus Erfahrung mit Schülern aus Bosnien. In den neunziger Jahren gab es an seiner Schule sexuelle Übergriffe, „*die ich zur Anzeige gebracht habe (übrigens gegen den Wunsch der damaligen Schulleitung)".* Sibylle R. erlebte im nahen Bekanntenkreis ein Familiendrama, weil sich die junge Frau von einem Schwarzafrikaner trennen wollte, was dessen ganze Familie auf den Plan rief, die nun die Scheidungswillige hemmungslos tyrannisierten. Sie rät allen Frauen und Mädchen: *"... gefallt euch nicht darin, von attraktiven muslimischen Männern umgarnt zu werden, das macht diesen Männern Mut, zudringlich zu werden, Ansprüche zu stellen. Zuerst sind sie sogar oft charmant und lustig und 'verwöhnen' die Frauen und Mädchen, aber wehe, diese Männer sind sich ihrer sicher."* In ihrem Schreiben betont sie allerdings auch, dass es bestimmt auch modern ausgerichtete junge Muslime gibt, die ihre deutschen Frauen partnerschaftlich und liebevoll behandeln, die sich also wirklich integrieren wollen. Aber es muss ja nicht immer Integration sein. Viele, besonders junge Menschen aus den Kriegs- und Krisengebieten des arabischen und afrikanischen Raumes, sollten eine begrenzte Aufenthaltsgenehmigung bekommen, Bildungs- und Qualifizierungsangebote während dieser Zeit nutzen, um dann in ihren Heimatländern wirkungsvoll beim Aufbau zu helfen. Das gäbe ihnen eine klare Perspektive und das Konfliktpotenzial zwischen Einheimischen und Zugewanderten würde sicher sinken.

Eine junge Frau aus Bayern schrieb mir, dass sie immer wieder in die Situation komme, dass diese *"hochqualifizierten, jungen Fachkräfte in den öffentlichen Verkehrsmitteln einen Meter neben mir stehen und mich schamlos von oben bis unten abscannen wie ein Stück rohes Fleisch. Das ist sooo respektlos! ... Eine meiner Freundinnen arbeitet in einem Landratsamt und hat daher täglich mit Flüchtlingen zu tun. Diese jungen Kerle sind dort wahnsinnig aufdringlich, fragen ständig 'du boyfriend, du boyfriend?' und lassen die jungen Mitarbeiterinnen gar nicht wieder in Ruhe. Die Mädels gehen dort mittlerweile nur noch in Begleitung männlicher Kollegen über den Flur! Das muss man sich einmal überlegen, man wird auf Arbeit sexuell belästigt und muss das einfach so hinnehmen, weil man ja ansonsten als deutscher Nazi dasteht."*

Thomas W. kann keine Hetze in meinem Artikel entdecken, sondern bescheinigt mir *"einen klaren Blick, der gereift ist durch die Erfahrung in der Begleitung von Jugendlichen und der Kenntnis der muslimischen Kultur. Ich bin evangelischer Pfarrer und weiß mich wie Sie verantwortlich für die mir anvertrauten Menschen in den Gemeinden, wie auch gegenüber Fremden, die in Not Hilfe suchen. Ich bin Mitglied in einem Verein, der Freiwillige nach Afrika aussendet. Wir warnen die Mädchen ebenfalls vor intimen Kontakten mit afrikanischen Männern. Vor der Wende habe ich mir oft anhören müssen, dass ich mit nüchternen und logischen Aussagen 'gegen den Frieden' sei und hätte nicht gedacht, im vereinten demokratischen Deutschland einmal solche Atmosphäre noch erleben zu müssen. Aus Angst vor Rechts fallen viele links vom Pferd."*

Nun bedarf es wohl keiner weiteren Beweise dafür, dass es massive sexuelle Übergriffe und Belästigungen gibt und daraus leite ich ab, wie notwendig es ist, unsere junge Generation über all diese Dinge aufzuklären und ihren kritischen Blick zu schärfen. Selbst der Verein "Refugees Welcome Bonn" kam nicht mehr umhin, die sexuellen Belästigungen durch junge Muslime auf einer von ihnen veranstalteten Feier am 7. November 2015 zuzugeben und das unwürdige Benehmen zu kritisieren und sich obendrein als Mitveranstalter für die Übergriffe zu entschuldigen: *"Wir haben bereits auf der Party versucht, die Täter zu identifizieren und von der Party zu verweisen; zudem haben wir Ansagen gemacht und darum gebeten, dieses Verhalten sofort zu unterlassen. Leider waren wir mit diesen Maßnahmen nicht erfolgreich. Das tut uns sehr leid. Diese Männer werfen mit ihrem Fehlverhalten ein schlechtes Licht auf unsere Organisation und alle Männer sowie männliche Geflüchteten, die auf der Party waren. Dabei spiegelt dieses Fehlverhalten keineswegs die Haltung der Mehrzahl der Geflüchteten wider. Es verleitet jedoch zu einer Verallgemeinerung, der wir uns nicht anschließen wollen. Männer, die nicht wissen, wie sie sich zu benehmen haben und patriarchale Denkweisen, die sich in solchem Fehlverhalten Bahn brechen, gibt es leider in jedem Land und in jeder Kultur. Jedoch wollen wir an dieser Stelle nicht verleugnen, dass es kulturelle Unterschiede gibt. Statt jedoch nur despektierlich mit dem Finger auf patriarchale Verhaltensweisen zu zeigen, halten wir es für unsere Aufgabe, solche Unter-*

schiede in der täglichen Begegnung anzugehen."[87] Wie das immer auch aussehen soll und inwieweit solche Projekte erfolgversprechend sind, bleibt dahingestellt. Gut gemeinte Versuche zu schneller Integration gibt es genügend in unserem Land, auch im Osten. Der Leipziger Club Conne Island gilt als weltoffene, linksalternativ geprägte Diskothek, in der angesichts des anschwellenden Flüchtlingsstroms beschlossen wurde, das bunt bemalte Haus in der Koburger Straße für die Migranten gegen einen geringen Obolus von 50 Cent zu öffnen. Mit integrativen Projekten aller Art – vom Skateboard-Workshop bis zu Deutschkursen – wollten die Betreiber einen sinnvollen Beitrag zur Willkommenskultur leisten. Wenn allerdings so unterschiedliche Kulturen aufeinandertreffen, kommt es erfahrungsgemäß zu sexuellen Belästigungen, Schlägereien – auch unter den ethnisch unterschiedlichen Gruppen der Flüchtlinge – und anderen kriminellen Auswüchsen. Das führt natürlich zu Frust und Enttäuschung bei den Betreibern, die das alles gut gemeint, aber eben wenig über die möglichen Folgen solcher Großzügigkeit nachgedacht haben. In der "Mitteldeutschen Zeitung" vom 27.10.2016 berichtet Redakteur Steffen Könau vom Scheitern des riskanten Unterfangens, in einem Blatt also, in dem ich ein Jahr zuvor von einigen seiner Kollegen wegen meiner Bedenken gegen den anschwellenden Migrantenzustrom in heller Empörung zerfetzt wurde. In einem offenen Brief des Conne-Island-

---

[87] Stellungnahme zur Party am 7.11.2015,in : welcome.blogspot.de/2015/11/10

Plenums stellte dieses fest, dass die Idee vom gemeinsamen Feiern und eine sich dadurch wie von selbst vollziehende Integration ein ziemlich naiver Plan war. *"Die Aktivisten aus dem antifaschistisch, feministisch und antirassistisch geprägten Klub haben das schmerzlich erfahren: Der 'Refugee-Fuffziger' zog vor allem Scharen junger Männer an. Und deren 'stark autoritär und patriarchal geprägte Sozialisation und die Freizügigkeit der westlichen Feierkultur' (Conne Island) bildeten ... 'mitunter eine explosive Mischung'. Die Zahl sexistischer Übergriffe nahm zu, ebenso die der Rangeleien und Prügeleien, Gäste beklagten 'aufdringliche Blicke, Sprüche und Gegrapsche'. So schlimm, dass die im grünalternativen Connewitz nicht gern gesehene Polizei eingeschaltet werden musste, 'da das Maß an körperlicher Gewalt nicht mehr zu handhaben war.' ... Die Folge solcher Begegnungen der unheimlichen Art bemerken Disco- und Klubbetreiber recht bald. 'Frauen und Mädchen verzichten auf Besuche, um Übergriffen aus dem Weg zu gehen', beschreibt das Conne Island. Denn wer bereits die Erfahrung einer ungewollten Berührung im Schritt oder eines umzingelnden, penetranten Antanzversuchs gemacht hat, überlegt sich zweimal, ob ein Samstagabend mit Netflix nicht sinnvoller ist, als sich mit aufdringlichen Blicken, Sprüchen und Gegrapsche auseinanderzusetzen."* [88] Wenn man sich dann noch vorstellt, dass unsere unerfahrenen Schülerinnen, die sich einfach nur arglos amü-

---

[88] Steffen Könau: "In der Hitze der Nacht", in: Mitteldeutsche Zeitung, 27.10.2016, S.3

sieren wollen, solchen unangenehmen Konfrontationen ausgesetzt werden, ohne darauf richtig reagieren zu können, dann muss schon die Frage gestattet sein, ob wir als Eltern und Pädagogen nicht die Pflicht haben, unseren Mädchen über die Besonderheiten des Frauenbildes in der muslimischen Welt die Augen zu öffnen.
Nicht mehr, aber auch nicht weniger, habe ich im EDITORIAL verlangt. In einem Schreiben vom 8. November 2015 an mich äußern sich "Dankbare Eltern", neben dem Zuspruch, dass ich der *"überwiegenden Anzahl der Eltern Heranwachsender aus dem Herzen spreche"*, zu der Frage, weshalb wir uns mit einer Religion auseinandersetzen müssen, die unser Leben eigentlich nicht tangiert und schon gar nicht mehr zeitgemäß ist: *Es ist geradewegs abstrus, dass man im 21. Jahrhundert in einer zivilisierten und 'angeblich' aufgeklärten Gesellschaft seine Zeit mit einer aus dem 8. Jahrhundert stammenden Ideologie eines sich selbst so nennenden Propheten verschwenden muss. Leider ist dies notwendig ... Erforderlich ist schonungslose Aufklärung, damit nicht unbedarfte junge Menschen einer menschenverachtenden Ideologie auf den Leim gehen",* schreiben die Verfasser. Das klingt hart und kaum vorurteilsfrei. Das mittelalterliche Frauenbild, was so gar nichts in unserer aufgeklärten, von Gleichberechtigung geprägten Welt zu suchen hat, findet u. a. seinen Ausdruck in Sure 4, Vers 34." In der deutschen Koranübersetzung von Rudi Paret, die sich an der traditionellen Exegese orientiert, lautet der Vers wie folgt (die arabischen Schlüsselbegriffe sind an den entspre-

chenden Stellen hinzugefügt):

„Die Männer stehen über (qauwāmūn `alā) den Frauen, weil Gott sie (von Natur aus vor diesen) ausgezeichnet hat und wegen der Ausgaben, die sie von ihrem Vermögen (als Morgengabe für die Frauen?) gemacht haben. Und die rechtschaffenen Frauen sind (Gott) demütig ergeben und geben acht auf das, was (den Außenstehenden) verborgen ist, weil Gott (darauf) acht gibt (d.h. weil Gott darum besorgt ist, dass es nicht an die Öffentlichkeit kommt). Und wenn ihr fürchtet, dass (irgendwelche) Frauen sich auflehnen, dann vermahnt sie, meidet sie im Ehebett und schlagt sie (wa-dribū-hunna)! Wenn Sie euch (daraufhin wieder) gehorchen, dann unternehmt (weiter) nichts gegen sie! Gott ist erhaben und groß." [89]
Damit wird unzweifelhaft das patriarchische Weltbild in islamischen Ländern begründet, welches in unserer modernen, von Gleichberechtigung zwischen Mann und Frau geprägten Gesellschaft kaum Anerkennung findet. Von daher ist es schon mehr als verwunderlich, dass zu viele naive oder ignorante Politiker, ohne mit der Wimper zu zucken, jenen losungsähnlichen, anbiedernden Spruch akzeptieren: Der Islam gehört zu Deutschland. Das ist sowohl banal als auch pauschal, einfach nur schlechte, generalisierende und dazu noch wenig durchdachte Propaganda, hier muss endlich differenziert werden. Es bedarf einer sachlichen Auseinandersetzung mit

---

[89] zitiert nach Wikipedia

dieser Religion und vorurteilsfreie Diskussionen um den Islam. Wer ihn von muslimischer Seite nicht führen möchte, hat im modernen Europa eigentlich nichts verloren. Tatsächlich muss der Islam als eine Religion bewertet werden, die seit ihrer Begründung im 7. nachchristlichen Jahrhundert keiner kritikfähigen Renaissance unterzogen wurde. Kein Wunder, wenn Frauen in diesen Kulturkreisen bestenfalls als Menschen zweiter Klasse gesehen werden.

In der Sendung "Maischberger" unter dem Thema "Mann, Muslim, Macho – Was hat das mit dem Islam zu tun?", die im Mai in der ARD ausgestrahlt wurde, kam unter anderem auch der frühere, langjährige Algerienkorrespondent der ARD, Samuel Schirmbeck, zu Wort. Er sprach davon, dass es sehr wohl auf das kulturelle Umfeld ankomme, ob sexuelle Übergriffe erleichtert oder erschwert werden. Bei den muslimischen Flüchtlingen sei ein Katalysator für solche Straftaten darin zu finden, dass ein *"sexueller Überdruck"* mit der unsäglichen Tradition einer verachteten, erniedrigten und „*unterpräsentativ geschützten Frau"* einhergeht. In den arabischen Ländern seien sexuelle Belästigungen alltäglich und diese haben ihre Ursachen auch in einem *"antiquierten Frauenbild".* Schirmbeck betonte, dass er in den zehn Jahren *"keine Frau traf, die nicht irgendwann sexuelle Übergriffe oder Ähnliches erlebt hat".* Das Geschwafel von den hilfreichen Integrationslehrgängen halte er in diesem Kontext für unsinnig: "Um *zu begreifen, dass man eine Frau nicht*

einfach anfassen darf, benötigt man doch keine Kurse."
[90] Der Islam werde nicht als Glaube, sondern als eine Ideologie von uns verurteilt, die so etwas ermöglicht. In meinem in die Schlagzeilen geratenen Leitartikel schrieb ich diese Zeilen, die genau in die Argumentation des Korrespondenten passt: "Es ist nur ganz natürlich, dass diese jungen, oft auch ungebildeten Männer auch ein Bedürfnis nach Sexualität haben. Vor dem Hintergrund ihrer Vorstellungen von der Rolle der Frau in ihren muslimischen Kulturen bleibt die Frage, wie sie, ohne mit den Normen unserer Gesellschaft in Konflikt zu geraten, ihre Sexualität ausleben oder Partnerschaften in Deutschland anstreben können." Auch dieser Satz hat nichts mit der Hetze zu tun, die mir mit Nachdruck von den Medien vorgeworfen wurde. Der Architekt Peter S. aus Bautzen beschreibt genau meine Situation: *"Mir gefallen Ihr mutiges Verhalten und Ihre klaren Worte zur Situation in unserem Land. Vermutlich geht es Ihnen so wie mir: Ich nahm weder an einer PEGIDA-Demonstration noch an einer Gegendemonstration teil, rechts- linksextremes Gedankengut liegen mir fern, ich bin kein Nazi, ich fühle mich dem gesunden Menschenverstand und den Strukturen verpflichtet, die die Grundlagen unseres Gemeinwesens und unserer Zivilisation bisher gewesen sind."*
Peter Bereit war 25 Jahre Kriminalhauptkommissar bei der Berliner Polizei und schrieb als Gastautor einen ziemlich sarkastisch gehaltenen Verteidigungskommentar für

---

[90] Samuel Schirmbeck in der Sendung "Maischberger": "Mann, Muslim Macho, - Was hat das mit dem Islam zu tun", ARD, 11.05.2016

mich, der genau meine Befürchtung aufgreift und diese, aufgrund seiner unschätzbaren Praxiserfahrung, mehr als bestätigt:

„Nun hat der gute Mann (also ich – d. V.) einige Vorbehalte geäußert, was Sex mit Muslimen anbelangt und hierbei wohl zunächst an seine schmucken deutschen Schülerinnen gedacht, die in Versuchung geraten könnten, mit den ebenso schmucken Einwanderern intim zu werden, denn, so hatte es ja bereits ein deutscher Pfarrer kürzlich erkannt, auch Muslime haben sexuelle Bedürfnisse. So geil, so gut. Nun dachte Herr Dr. Mannke jedoch nicht so sehr über technische Probleme des Beischlafs zwischen biodeutschen Frauen und muslimischen Männern nach, sondern äußerte Bedenken aus völlig anderer Sicht. Nämlich darüber, dass das Frauenbild in islamischen Ländern ein völlig anderes zu sein scheint als das in Westeuropa, mithin in Deutschland. Das war der Punkt, an welchem die deutschen Gutmenschen sofort aus der Deckung traten und auch die sächsischen Landespolitiker sich umgehend empörten. Wie kann ein gebildeter deutscher Lehrer vor Sex mit Muslimen warnen? Das hat er, folgt man dem Text, zwar explizit nicht getan, aber was macht das schon, wenn die Empörung erst einmal moralische Wellen schlägt und der Sinn des Protestes vor lauter Schaumkronen längst nicht mehr erkennbar ist. (...) Während Herr Dr. Mannke darauf abstellt, dass die jetzt eintreffenden Migranten sich den deutschen Gepflogenheiten anzupassen hätten, möchte ich darauf verweisen, dass das selbst einigen hier gebo-

renen Deutschen mit Migrationshintergrund, also Inländern, immer noch schwerfällt. Mehr noch. Sie denken nicht daran, z. B. ihr Frauenbild zu verändern. Nach 25 Jahren bei der Berliner Kriminalpolizei habe ich eine genaue Vorstellung davon, wie dieses Bild bei vielen Muslimen aussieht. In zahlreichen persönlichen Gesprächen haben mir junge Muslime im Brustton der Überzeugung erläutert, dass für sie zwei Arten von Frauen existieren. „Die einen zum Ficken und die anderen zum Heiraten", was doch eine klare Ansage ist, auf die man sich einstellen kann, wie ich meine. Sie ließen keinen Zweifel daran, dass es sich bei der ersten Sorte um deutsche Frauen handelt. Die heiratswilligen Damen dagegen kommen zumeist aus einem Kontingent, das im Rahmen der Familienzusammenführung aus den hintersten Landesteilen, z. B. der Türkei, nachgezogen wird. Möglichst ungebildet, aber mit den 1000 Dingen des Haushaltes und der Kinderpflege wohl vertraut. Frauen, die vor ihrer Einreise nach Deutschland nie eine moderne Stadt, geschweige denn eine Disco oder ein Kino gesehen hatten, die nie allein ausgegangen waren und nur eines gelernt hatten: Gehorchen. (...) Also liebe Shitstorm-Enthusiasten! Erst mal nachdenken, bevor ihr einen Lehrer in die rechte Ecke stellt. Wir können nur hoffen, dass die neu ankommenden Muslime aus ganz anderem Holz sind. Wissen tut es nur der liebe Gott."[91]

---

[91] Peter Bereit: "Die Achse des Guten. Zwei Arten von Frauen.", in: www.achgut.com, 8.11.2015, 16:07 Uhr

Auch in Berlin lebt die Autorin und Soziologin Necla Kelek (Jg. 1957). Die bekannte Islamkritikerin stammt aus Istanbul und zog 1967 mit ihrer Familie nach Westberlin, wo sie Volkswirtschaft und Soziologie studierte. Sie promovierte über das Thema "Islam im Alltag". In einem Interview mit der Würzburger Gazette „Mainpost" stellt Kelek fest: *"Diese Frauen sind rechtlich nicht geschützt."* [92]Auch sie bestätigt die Aussage des Kommissars aus der Hauptstadt, dass in der muslimisch geprägten Clan- und Stammeskultur die Männer über die Frauen herrschen und die neu Zugewanderten dieses tief verwurzelte Frauenbild nicht einfach so ablegen werden. Wer das ernsthaft glaubt, übt falsch verstandene Toleranz. In Ländern wie Afghanistan, Pakistan oder Nigeria – um nur einige wenige zu nennen – gilt der Schutz des Individuums nichts, der Clan beherrscht das Privatleben des Einzelnen und Frauen stehen ganz unten auf der Leiter dieser Hierarchie, die von Religion und Tausenden Jahren alter Tradition legitimiert wird. Die Männer aus diesem Kulturkreis fühlen sich den islamischen Gesetzen verpflichtet, "*die meisten werden nicht in der Lage sein, die Werteorientierung, der ihre Völker seit Jahrhunderten verhaftet sind, an der Grenze abzustreifen. Die meisten Flüchtlinge werden versuchen, ihre traditionelle Werteordnung in Deutschland zu leben, indem sie sich auf ihr Recht zur freien Religionsausübung hier in Deutschland berufen. Das wäre nicht neu. So haben das viele musli-*

---

[92] Gisela Rauch im Interview mit Necla Kelek: "Flucht: Diese Frauen sind rechtlich nicht geschützt", in: Mainpost, Würzburg, 29.10.2015, 07:20 Uhr

mische Zuwanderer auch in den letzten Jahrzehnten gemacht. Und dieser Weg führt zwangsläufig in eine Parallelgesellschaft."[93] Wenn die Männer mit Aufenthaltsrecht ihre Frauen, die nie in ihrem Leben auch nur den Hauch westlicher Kultur und Zivilisation gespürt haben, nach Deutschland holen, so sind diese nicht juristisch abgesichert, denn sie erhalten im Rahmen des Familiennachzuges nur eine Aufenthaltserlaubnis: *"Rechtlich ist also die Frau an den Mann gebunden, zu dem sie gezogen ist. Die Frau kann sich, zumindest in den ersten drei Jahren, nicht vom Mann trennen – sonst würde sie zurückgeschickt werden. Sie ist per Gesetz von ihm abhängig. Der Mann entscheidet, ob sie Deutsch lernt, Integrationskurse macht, arbeiten darf."*[94] Es entsteht also der paradoxe Zustand, dass in einem demokratischen Deutschland durch eben beschriebene juristische Tatsachen genau das passiert, was nach unserem Grundgesetz eigentlich unmöglich ist: die Legitimierung der Unterwerfung der Frau unter den Mann. Da muss man sich nicht wundern, wenn auf diesem idealen Nährboden Parallelgesellschaften blühen und gedeihen.

Von über 4 Millionen Muslimen leben etwa zwei Millionen in solchen Parallelgesellschaften, das gibt zu tiefer Sorge Anlass. Wir begehen wieder einmal den großen Fehler, aus falsch verstandener Toleranz und dem Grundsatz, sich nicht von staatlicher Seite in Familienangelegenhei-

---

[93] ebenda
[94] ebenda

ten einzumischen, den "*Unterwerfungsanspruch im Islam – Frau unterwirft sich Mann und Mann dem Clan – als zu akzeptierenden Teil einer anderen Kultur*"[95] zuzulassen. Das kann nicht funktionieren. Selbst wenn Deutschland optimale Integrationsarbeit leisten könnte (das scheitert allein schon an der Finanzierung), um solche Entwicklungen weitgehend zu verhindern, müsste eben auch den Mädchen und Frauen unter den Asylsuchenden Gleichberechtigung zuteilwerden. Kelek: "*Wenn tatsächlich jeder zum Integrationskurs verpflichtet würde, würde es (Integration- div.) vielleicht funktionieren. Wenn Mädchen darin bestärkt würden, Ausbildungen zu machen – auch in anderen Städten, wo der Druck der Familie nicht so stark ist. Wenn wir Patenschaften hätten, wo deutsche Familien muslimische Familien unterstützen und speziell die Mädchen fördern. Wenn im Rahmen dieser Patenschaften drauf geschaut würde, dass Mädchen selbstständig leben, zur Schule gehen dürfen und nicht in Früh-Ehen gezwungen werden. Ein breites, bürgerschaftliches Engagement und die Bereitschaft auf muslimischer Seite, es anzunehmen, würde also gut helfen. Es wäre der einzige Weg. Aber ich bin skeptisch. Ich habe zu viele Frühehen gesehen, bei denen Mädchen von ihren Familien mit zwanzig Jahre älteren Männern verheiratet werden.*"[96]
Die sinnvollen Möglichkeiten, die hier aufgezeigt werden, sind Idealvorstellungen, die deshalb in die Sackgasse zu

---

[95] ebenda
[96] ebenda

geraten drohen, weil es am Geld und oft auch am Willen muslimischer Männer fehlt, mit ihren archaischen Traditionen zu brechen.

"... Oft ungebildete Männer" aus denen eine *"ungebildete Arbeitnehmerschaft"* entstehen kann (EDITORIAL)

Flüchtlinge: "Zwei Drittel können kaum lesen und schreiben"

So stand es zumindest in der der ZEIT Anfang Dezember 2015. Sind das auch kulturrassistische Ressentiments? Wohl kaum, sondern eher die Wahrheit über den durchschnittlich ermittelten Bildungsstand von Flüchtlingen, die 2015 nach Deutschland gekommen sind. Im Widerspruch zu den im August und September nicht selten von weltfremden Politikern und Journalisten verkündeten erstaunlich hohen Qualifikationsgraden der Einwandernden stehen indes die Fakten. Viele Flüchtlinge haben eine unzureichende Schulbildung, zwei Drittel keinen berufsqualifizierten Abschluss. Nur etwa zehn Prozent verfügen über Hochschulabschlüsse, wobei hier noch hinterfragt werden muss, ob diese mit unseren in Deutschland erworbenen qualitativ überhaupt gleichzusetzen sind. Deshalb ist es ein Irrglaube oder beschwichtigender Propaganda geschuldet, nun zu erwarten, dass die erwachsenen Flüchtlinge unseren Fachkräftemangel beseitigen werden. Die Zuwanderung gut ausgebildeter Menschen aus anderen europäischen Ländern hat uns da in den letzten Jahren weitaus mehr geholfen.
In einem Interview, das Jan-Martin Wiarda mit dem Bildungsökonomen Ludger Wößmann, Leiter des Zentrums

für Bildungsökonomik in München, Anfang Dezember 2015 führte, wird klar, dass selbst den integrationswilligsten Flüchtlingen ein gehöriger finanzieller Vorschuss geleistet werden muss, ehe sie für die deutsche Wirtschaft einen bemerkbaren Zugewinn bringen können. Und das kann zehn Jahre und länger dauern. Wößmann zieht zunächst die internationalen Schulleistungsstudien PISA und TIMSS als Vergleichsmöglichkeit von Bildungsniveaus heran, nach denen in Syrien nicht einmal 65 % der Schüler den Sprung über die von der OECD definierten Grundkompetenzen schaffen. Dadurch kann es nicht verwundern, dass *„zwei Drittel der Schüler in Syrien nur sehr eingeschränkt lesen und schreiben ... und nur einfachste Rechenaufgaben lösen ... Und das bedeutet, dass diese Schüler in Deutschland, selbst wenn sie Deutsch gelernt haben, kaum dem Unterrichtsgeschehen folgen können."*[97] Im Klartext heißt dies, dass syrische Schüler fünf Jahre brauchen, um sich im Bildungsniveau ihren Altersgenossen in Deutschland angleichen zu können. Es gibt zwar nur ältere Erhebungen der Bundesagentur für Arbeit, die allerdings aussagen, dass knapp 70 % der Asylbewerber aus den von Krieg heimgesuchten Ländern keine berufsqualifizierende Ausbildung haben. Wößmann: "*Den zwei Dritteln der jungen Syrer, die nach internationalen Bildungsstandards als funktionale Analphabeten gelten müssen, wird zumeist*

---

[97] Ludger Wößmann im Interview mit Jan- Martin Wiarda: "Zwei Drittel können kaum lesen und schreiben", in Zeit.Online, editiert am 05.12.2015, 12/31, Die Zeit, Nr. 47 /2015, 19.11.2015

die nötige Ausbildungsreife für die hiesigen Betriebe fehlen ... Wir müssen realistisch sein. Wer – wie ich – möchte, dass Integration gelingt, der muss die Realität anerkennen, wie sie ist." [98]Da ein sehr hoher Anteil (etwa 70 %) an syrischen, irakischen und afghanischen Azubis ihre Ausbildung vorzeitig abbrechen, muss man neue Wege gehen, um den hohen Theorieanteil zu vermindern und die praktischen Fertigkeiten mehr in das Zentrum der Ausbildung zu rücken. *"Es gibt schon solche Berufe, etwa den Krankenpflegehelfer. Ähnliches muss auch in anderen Branchen möglich sein, bei Maurern zum Beispiel. Wir brauchen mehr einjährige Qualifikationen – mit der Möglichkeit, diese später in eine Vollausbildung auszuweiten."* Vorübergehend wäre es sogar sinnvoll, den Mindestlohn auszusetzen, um solche Projekte realisieren zu können, meint Wößmann. *"Wer schön daherredet, dass ein niedriger Mindestlohn gegen die Würde der Flüchtlinge verstoße, der sollte die ganze Wahrheit sagen: Nämlich, dass er in Kauf nimmt, dass dann ein großer Teil der Flüchtlinge niemals in den Arbeitsmarkt integriert werden wird. Das ist die realistische Alternative – und der wirkliche Verstoß gegen die Würde dieser Menschen."* [99]

Die Lernforschung beweist, dass Kinder bis zum Alter von 10 Jahren sehr schnell eine fremde Sprache lernen, wenn sie in den Kitas und den Regelklassen der Schulen

---

[98] ebenda
[99] ebenda

die Möglichkeit bekommen, den täglichen Umgang mit Gleichaltrigen zu pflegen, deren Muttersprache Deutsch ist. Dabei liegt es auf der Hand, eine Ballung der Eingewanderten, wie in den vergangenen Einwanderungswellen mit fatalen Folgen geschehen, tunlichst zu vermeiden. Wößmann unterbreitet vor diesem Hintergrund einen realistischen Vorschlag: *"Wenn wir eine Ghettoisierung vermeiden und die Asylbewerber gleichmäßig auf die Kommunen verteilen würden, käme selbst bei einer Million bleibender Flüchtlinge auf jede zweite Klasse oder Kita-Gruppe nur ein zusätzliches Flüchtlingskind. Das ist nun wirklich nicht unmöglich."*[100]

Hier steht unsere Gesellschaft dennoch vor einer Herkulesaufgabe und der trotzig-markige Spruch "Wir schaffen das!" hilft nicht einen Schritt weiter.

Im Zuge der Flüchtlingswelle sind nach Angaben einer Umfrage der „Welt am Sonntag" (die am 27.12.2015 veröffentlicht wurde) unter den 16 Bundesländern auch ca. 197.000 Kinder in unseren Schulen zu unterrichten. Dabei stehen Bayern mit 52.000 und Nordrhein – Westfalen mit 40.000 an der Spitze der aufnehmenden Länder, in Sachsen-Anhalt sind es nur 4000 mit abnehmender Tendenz, weil viele Flüchtlingsfamilien unsere Region verlassen, um in den vermeintlich attraktiveren „Westen" abzuwandern. Allein in dem bevölkerungsarmen Bundesland Sachsen-Anhalt halten sich derzeit ca. 1200 unbegleitete, minderjährige Asylsuchende auf, denen eine nicht

---

[100] ebenda

unerhebliche finanzielle Unterstützung aus Steuermitteln zuteil wird.

Da eine sofortige Integration in die Regelklassen der verschiedenen Schulformen nicht möglich ist, wurden deutschlandweit 8600 Lehrkräfte zusätzlich eingestellt, Tausende sogenannte Willkommensklassen eingerichtet und die oft noch in A- und B-Klassen unterteilt sind. In erstgenannter Organisationsform sind Kinder und Jugendliche untergebracht, die kein Wort Deutsch sprechen, die Lehrer müssen sich mit Gesten und Zeichen verständigen, um ihnen grundlegende Begriffe erst einmal auf diese Weise beizubringen. In den B-Klassen lernen Flüchtlingskinder, die etwas Deutsch in ihrer Heimat gelernt haben. Es gibt Gegenden in der Welt, man denke nur an abgelegene Gebiete in Somalia oder Afghanistan, da haben Minderjährige noch niemals eine Schule besucht, dafür sind vielleicht Kindersoldaten oder verstümmelte Mädchen darunter, die das Wort Menschenwürde nicht mit irgendeinem Sinn erfüllen können. So sitzen beispielsweise in der Johanna-Eck-Schule in Berlin 23 junge Menschen unterschiedlichsten Alters und aus 14 Nationen in einer Lerngruppe (das Wort Willkommensklasse mag man hier nicht besonders), Analphabeten sind dabei, aber auch junge Leute, die recht gut Englisch und ein paar Brocken Deutsch sprechen. Es gibt sicher wenige Ausnahmen, Naturtalente höchstens, die in ein bis zwei Jahren fließend Deutsch sprechen, aber in der Regel dauert es viel länger, ehe sie auf den Stand gleichaltriger Muttersprachler gelangen. In der Johanna-

Eck-Schule bleiben die Flüchtlingskinder in zwei eigenständigen Klassen zusammen, dort hält man das für eine kluge pädagogische Entscheidung. Ich vertrete die Auffassung, dass eine möglichst frühe Eingliederung in die Regelklassen mehr Aussicht auf wirkliche Integration verspricht, zumal Kinder meist viel schneller eine Fremdsprache lernen als Erwachsene. Auch ist das tägliche Zusammensein mit deutschen Kindern förderlich für deren kulturelle und politische Bildung, von den zu erwartenden Lebenserfahrungen im soziokulturellen Bereich ganz zu schweigen. Mit einer Konzentration von Asylanten, die den zurecht beklagten Parallelgesellschaften Vorschub leistet, haben gerade die Franzosen, Engländer und Deutschen schlechte Erfahrungen gemacht. Man muss einen historischen Fehler der sechziger und siebziger Jahre des vergangenen Jahrhunderts nicht wiederholen. Es gibt immer noch genügend andere, die man begehen kann. Lehrerin Silke Donath findet Gegenargumente für das Modell ihrer Flüchtlingsklassen, in denen Kinder aus vielen Nationen beisammen sind. Sie *„spricht vom ‚enormen Unterschied zwischen ihrem Alter und ihren sprachlichen Möglichkeiten' – diese Jugendlichen seien voller Emotionen und Gedanken, die sie mitteilen wollten, aber ihr Deutsch sei dafür immer wieder zu schwach. In einer regulären Klasse könne dieser Spagat ‚zum Verstummen in der neuen Sprache führen'."* [101]Es kann dem entgegengehalten werden, dass es gerade

---

[101] Wolfgang Büscher: "Die Deutschmacher", in: Welt am Sonntag, Nr. 52, 27.12.2015

eine enorm wichtige Herausforderung für integrationswillige Kinder ist, sich auf allen Ebenen in der Fremdsprache Deutsch zu verständigen, um sich somit im Alltag sicherer bewähren zu können. Wenn man bedenkt, dass es, eben durch den politischen Einfluss der Multi-Kulti-Ideologen seit den sechziger Jahren, in den Schulen vor allem der Großstädte Berlin, Hamburg oder Köln Klassen gebildet werden, in denen fast ausschließlich Kinder und Jugendliche mit Migrationshintergrund verweilen, dann entzieht man solchen jungen Menschen gleichzeitig die Grundlage für eine Integration in unsere Gesellschaft. Nicht nur der ehemalige Bürgermeister von Neukölln, Heinz Buschkowsky, beklagt unhaltbare Zustände in den Schulen solcher Art, es ist eine tägliche Zumutung, besonders für Lehrerinnen, in solchen Klassen zu "unterrichten". Was dort täglich an Erniedrigungen, Beleidigungen und Disziplinlosigkeit den Lehrerinnen und Lehrern zugemutet wird, ist unwürdig und solche (meist arabischstämmigen oder türkischen) Jugendlichen, die keinerlei Respekt vor der Würde des Menschen, und schon gar keine Achtung vor unserem Grundgesetz haben, lassen nicht den Willen erkennen, ein nützliches Mitglied unserer demokratischen Gesellschaft zu werden. Der Brandbrief der völlig verzweifelten Rektorin der Berliner Rütli-Schule vom Sommer 2006, aus dem ich nur wenige Absätze zitiere, sollte selbst dem größten Verfechter einer problemlosen Integrations-Harmonie zu denken geben:
"Wie in der Schulleitersitzung am 21.2.06 geschildert, hat

*sich die Zusammensetzung unserer Schülerschaft in den letzten Jahren dahingehend verändert, dass der Anteil der Schüler/innen mit arabischem Migrationshintergrund inzwischen am höchsten ist. Er beträgt zurzeit 34,9 %, gefolgt von 26,1 Prozent mit türkischem Migrationshintergrund. Der Gesamtanteil der Jugendlichen n. d. H. (nicht deutscher Herkunft) beträgt 83,2 %. Die Statistik zeigt, dass an unserer Schule der Anteil der Schüler/innen mit arabischem Migrationshintergrund in den letzten Jahren kontinuierlich gestiegen ist. (...)
In unserer Schule gibt es keine/n Mitarbeiter/in aus anderen Kulturkreisen. Wir müssen feststellen, dass die Stimmung in einigen Klassen zurzeit geprägt ist von Aggressivität, Respektlosigkeit und Ignoranz uns Erwachsenen gegenüber. Notwendiges Unterrichtsmaterial wird nur von wenigen Schüler/innen mitgebracht. Die Gewaltbereitschaft gegen Sachen wächst: Türen werden eingetreten, Papierkörbe als Fußbälle missbraucht, Knallkörper gezündet und Bilderrahmen von den Flurwänden gerissen. Werden Schüler/innen zur Rede gestellt, schützen sie sich gegenseitig. Täter können in den wenigsten Fällen ermittelt werden. Laut Aussage eines Schülers gilt es als besondere Anerkennung im Kiez, wenn aus einer Schule möglichst viele negative Schlagzeilen in der Presse erscheinen. (...) Unsere Bemühungen, die Einhaltung der Regeln durchzusetzen, treffen auf starken Widerstand der Schüler/innen. Diesen Widerstand zu überwinden wird immer schwieriger. In vielen Klassen ist das Verhalten im Unterricht geprägt durch totale Ableh-*

nung des Unterrichtsstoffes und menschenverachtendes Auftreten. Lehrkräfte werden gar nicht wahrgenommen, Gegenstände fliegen zielgerichtet gegen Lehrkräfte durch die Klassen, Anweisungen werden ignoriert. Einige Kollegen/innen gehen nur noch mit dem Handy in bestimmte Klassen, damit sie über Funk Hilfe holen können. Die Folge ist, dass Kollegen/innen am Rande ihrer Kräfte sind (...) Welchen Sinn macht es, dass in einer Schule alle Schüler/innen gesammelt werden, die weder von den Eltern noch von der Wirtschaft Perspektiven aufgezeigt bekommen, um ihr Leben sinnvoll gestalten zu können. Der Intensivtäter wird zum Vorbild. Es gibt für sie in der Schule keine positiven Vorbilder. Sie sind unter sich und lernen Jugendliche, die anders leben, gar nicht kennen. Die Hauptschule isoliert sie, sie fühlen sich ausgesondert und benehmen sich entsprechend."[102]

Vorurteile und kulturrassistische Ressentiments? Nein, bestimmt nicht. Betroffenheit, Rat- und Hilflosigkeit bleiben, dazu kommt wachsende Wut auf solche Politiker, die, ohne auch nur jemals einen Fuß in solch eine Schule gesetzt zu haben (die es nicht nur in Berlin, sondern in allen deutschen Großstädten gibt), weiter neunmalklug daherreden, dass Integration schon irgendwie funktioniert und mit etwas gutem Willen und einer gehörigen Portion Berufsethos all diese Erscheinungen zu beseitigen sind. Davon abgesehen, dass solches Gerede die Lehrerpersönlichkeit diffamiert, trifft Martin Luthers etwas grobe

---

[102] "Notruf der Rütli- Schule", in: Spiegel Online, 30.03.2006

Formulierung den Punkt: *"Auf fremdem Arsch ist gut durchs Feuer reiten."* Permanente Verharmlosung dieser Probleme durch Leute, die mit solchen Unannehmlichkeiten gar nicht konfrontiert sind, aber kräftig vom hohen Ross herunter die moralische Keule schwingen, wirkt bestenfalls kontraproduktiv auf einen wirklichen Integrationsprozess. Der Brandbrief der Lehrkräfte der Berliner Rütli-Schule, in der kein Unterrichten mehr möglich war, an den Senat, ist doch nur ein Ausdruck für das Versagen der Regierenden und auch nur die Spitze des Eisberges, aber leider auch ein trauriges Symbol für eine völlig misslungene Integration von Zuwanderern. Ludger Wößmann wünscht sich deshalb auch in seinem Fazit: *"Wenn wir es jetzt richtig machen bei den Kindern der Flüchtlinge, wenn wir zugleich ihren Eltern eine Chance auf Arbeit und Integration geben, dann werden die Kinder es sein, die in 25 Jahren unsere demografischen Probleme verringern."*[103] Dieses Interview ist nur eines von vielen Indizien, die eindringlich zeigen, dass uns Wunschdenken und Schönfärberei oder pauschale, teilweise bösartige Verunglimpfung von kritischen Zeitgenossen überhaupt nicht helfen, die großen Probleme zu lösen, die im Zusammenhang mit der Flüchtlingswelle auf uns zugekommen sind.

Nicht immer mit den ehrlichsten Absichten

---

[103] Ludger Wößmann im Interview mit Jan-Martin Wiarda: "Zwei Drittel können kaum lesen und schreiben", in: Zeit.Online, editiert am 05.12.2015, 12/31, Die Zeit, Nr. 47 /2015, 19.11.2015

sind Flüchtlinge zu uns gekommen, schrieb ich im EDITORIAL, wofür ich von den selbsternannten „Humanisten" auch kräftig Prügel bezog. Selbst die besten Integrationsbedingungen schützen unsere Gesellschaft nicht vor muslimischen und anderen Fanatikern. Wahrscheinlich schon vor den Anschlägen von Paris und Brüssel gehen deutsche Sicherheitsbehörden sehr gründlich den Hinweisen auf Terrorverdächtige nach, die sich unter anderem als "Schläferzellen" des IS in Asylantenheimen verborgen halten. Derzeit, also zu Beginn des Jahres 2017, sind etwa 1000 sogenannte „Gefährder" ins Fadenkreuz der Ermittler geraten. Das BKA spürte allein im September 2016 bereits 415 möglichen Terroristen nach, von denen sich glücklicherweise "nur" 63 als tatsächliche Gefahrenquellen erwiesen. *„Zwei Selbstmordattentäter, die sich am 13. November 2015 vor dem Fußballstadion Stade de France in die Luft gesprengt hatten, waren Anfang Oktober 2015 auf einem Flüchtlingsboot von der Türkei aus nach Griechenland gekommen. Sie hatten syrische Pässe bei sich, die von IS-Terroristen als Blankoausweise erbeutet und dann speziell angefertigt worden waren",*[104] berichtete im September 2016 "Die Welt" Wie viele Dschihadisten seit der chaotischen unkontrollierten Situation an den europäischen Außengrenzen zu uns nach Mittel- und Westeuropa eingereist sind, kann keine Sicherheitsbehörde auch nur annähernd ein-

---

[104] Florian Flade: „Im Auftrag des IS in die norddeutsche Provinz", in: Die Welt, 14.09.2016, S.4

schätzen. "*Einige Geheimdienstler verweisen auf die angebliche Aussage des belgischen IS-Terroristen Abdelhamid Abaaoud. Der mutmaßliche Kopf der Pariser Terrorzelle soll im vergangenen November, kurz vor seinem Tod bei einer Polizeiaktion in St. Denis, einer Zeugin gegenüber gesagt haben, er sei 'mit 90 Kämpfern' aus Syrien nach Europa gekommen.*"[105] Der 17-jährige Attentäter Riaz Khan Ahmadzai, der in einem Regionalzug von Treuchtlingen nach Würzburg am 18. Juli 2016 eine fünfköpfige Reisegruppe aus Hongkong mit einer Axt und einem Messer angriff und ihnen *"teilweise sehr drastische Verletzungen"* (so der Polizeipräsident von Unterfranken, Gerhard Kallert) zufügte, lebte nicht in einer überfüllten Asylunterkunft. Er durfte als unbegleiteter, minderjähriger Flüchtling in Ochsenfurt in einer Familie wohnen, ein Glücksumstand, den nur 16 von 150 jungen Asylsuchenden genießen können. Nach einem erfolgreichen Praktikum hatte er eine Lehre in Aussicht. Mit gesundem Menschenverstand ist nicht nachzuvollziehen, weshalb dieser junge Mann mit dem Ruf "Alla-hu akbar" nach dem Attentat auch noch auf zwei Polizeibeamte losstürmte, die ihn schließlich mit mehreren Schüssen niederstreckten. In seinem Bekennervideo erhärtet sich der Verdacht, dass er Verbindungen zum IS pflegte: *"Er nahm es am Tattag selbst auf, in seinem Zimmer im ausgebauten Keller bei der Pflegefamilie. 'Im Namen Gottes, ich bin ein Soldat des IS und beginne eine heilige Opera-*

---

[105] ebenda

tion in Deutschland', sagt der Attentäter darin. 'Ihr könnt sehen, dass ich in euerm Land gelebt habe und in euerm Haus', fährt er fort. 'Bei Gott, ich habe diesen Plan in euerm eigenen Haus gemacht, und so Gott will, werde ich euch in euerm eigenen Haus abschlachten.'"[106] An diesem Beispiel – und es gibt viele weitere – wird sichtbar, dass Wößmanns wohlmeinende Prognose, Integration werde gelingen, wenn man den Flüchtlingen eine Perspektive aufzeigt, leider nicht unbedingt stimmt. Im Editorial vom Oktober 2015 schrieb ich, dass nicht alle Einwanderer mit redlichen Absichten zu uns kommen. Ein paar Monate später hat sich auch diese angeblich unhaltbare Behauptung leider viel zu oft bewahrheitet.

---

[106] „Er war unauffällig", in: Der Spiegel, 30/2016, 22.07.2016, S.32

Die Rolle des Philologenverbandes: wenig weitsichtig

Meine Bemerkung gegenüber dem Bundesvorsitzenden des Deutschen Philologenverbandes am Telefon schien anmaßend: "Ihr werdet mir noch einmal dankbar sein, dass ich diesen Artikel geschrieben habe, weil er die Wahrheit enthält und uns bundesweit bekannter gemacht hat, als wir es jemals waren." Heinz Peter Meidinger war darüber sichtlich konsterniert und hat wahrscheinlich spätestens in diesem Moment festgestellt, dass ich für die Fachgewerkschaft der deutschen Gymnasiallehrerinnen und -lehrer untragbar geworden bin, weil ich die Zone der "Political Correctness" verlassen hatte.

Als die Zeitschrift "Gymnasium in Sachsen-Anhalt" unseren Lesern schon eine knappe Woche vorlag, erreichten mich drei Zuschriften, in denen sich die Verfasser klar von dem Editorial distanzierten. Es mag seltsam anmuten, aber darüber freute ich mich sogar, denn die Intention des Artikels bestand ja vor allem darin, zur Debatte innerhalb unserer Lehrerschaft über das Flüchtlingsproblem aufzufordern. Es war klar, dass hier die Ansichten weit auseinandergehen würden, weil Deutschlands Bevölkerung unter dem Eindruck der Ereignisse ohnehin vor einer tiefen Spaltung in der Meinungsbildung stand.

Am 30. Oktober 2015 erreichte mich der empörte Brief eines Kollegen des Aschersleber Gymnasiums, der uns Verfassern Unsachlichkeit und ein von Vorurteilen geprägtes Weltbild vorwarf: *"Sie bezeichnen die Flücht-*

linge allzu pauschal als 'kriminell", 'ungebildet' und mit ausschweifendem Sexualtrieb ausgestattet. – Das ist nicht akzeptabel! Ich unterrichte an einer 'Schule ohne Rassismus – Schule mit Courage'. Ich würde 'durch die Decke gehen", wenn meine Schüler so oder ähnlich redeten, wie Sie es in Ihrem Artikel tun. Zur Sache: Die meisten der derzeit ankommenden Flüchtlinge sind Familien. Sie sind dankbar und froh, endlich irgendwo angekommen zu sein, wenn sie hier auch unter denkbar bescheidenen Umständen leben. Die öffentlichen sexuellen Belästigungen, die Sie im Artikel mehrfach erwähnen, kann ich nicht erkennen ..." Mein erster Gedanke war, dass der liebe Kollege selbst nicht beherzigt hat, was wir von unseren Schülerinnen und Schülern immer verlangen: gründlich lesen und differenziert urteilen. Im Editorial gibt es kein einziges Pauschalurteil. Auch finde ich es pädagogisch mehr als fragwürdig, unbequeme Positionen von Schülern nicht zu tolerieren: "Wenn Sie bei gegenteiligen Meinungen Ihrer Schüler durch die berühmte Decke gehen, dann bleibt die Frage, wie Sie dann im Unterricht eine offene Streitkultur entwickeln wollen. Am Goethegymnasium Weißenfels, an dem ich Schulleiter bin, ist es selbstverständlich, dass alle Schülerinnen und Schüler gleichen Respekt verdienen, aber auch gleiche Rechte und Pflichten haben; die Herkunft spielt dabei überhaupt keine Rolle. Eine 'Schule ohne Rassismus – Schule mit Courage' ist für uns eine Selbstverständlichkeit, das muss bei uns nicht extra betont werden." Ich teilte ihm weiter mit, dass besonders viele Kolleginnen und Kolleginnen aus den Stadtstaaten und Großstädten in der Bundesrepublik täglich erleben müssen, wie "respektlos und beleidigend viele aus dem arabischen Raum stammende Schüler ihren Lehrrinnen gegenübertreten, weil sie Frauen nicht als gleichwertige Menschen ansehen. Die Sache ist zu ernst, um damit eine Desinformationskaskade ins Rollen zu bringen. Ich habe mehrfach persönlich erlebt, dass es Väter und deren Söhne aus den genannten Kulturkreisen abgelehnt haben, mit Lehrerinnen überhaupt zu sprechen. Ich bin nach wie vor davon überzeugt, dass Integration nur dann gelingen kann, wenn die Menschen aus anderen Kulturen und Staaten, die bei uns um Aufnahme bitten, sich unseren Grundwerten anpassen und unser Grundgesetz anerkennen müssen. Zahlreiche Leser unserer Zeitschrift haben sich ausdrücklich bei mir für diesen Artikel bedankt." Ich schrieb ihm auch, dass unser EDITORIAL keinerlei Unsachlichkeit enthalte und unsere Demokratie das hohe Gut der Meinungsfreiheit um jeden Preis verteidigen müsse. Seiner generalisierenden Schelte stellte ich Fakten entgegen: "Es ist schlicht und ergreifend so, dass die Mehrheit der Migranten männlich ist; nach Angaben der Deutschen Polizeigewerkschaft und des Braunschweiger Polizeipräsidenten sind das über 70 % junge Muslime, die garantiert nicht ALLE mit redlichen Absichten und Schutz vor Krieg und Verfolgung zu uns kommen. Nach eben diesen Angaben sind es vor allem junge Männer aus dem arabischen Raum, Nord- und Westafrika, die unseren Polizei-und Justizbehörden überdurchschnittlich

Probleme bereiten. Das Problem der nicht auslebbaren Sexualität, das nicht als ethnisches oder gar nationales Phänomen verallgemeinert werden kann, besteht mit Sicherheit, weil es schlicht und ergreifend ein ganz menschliches Bedürfnis ist." Zu seinem Vorwurf, ich würde die Flüchtlinge als "ungebildet" verunglimpfen, merkte ich an: "Über 80 % der Ankommenden verfügen zudem nicht über eine entsprechende Qualifikation, die ihnen die Möglichkeit einräumen würde, nahtlos in unseren Arbeitsmarkt eingegliedert zu werden. Die Industrie- und Handelskammern der Bundesrepublik stellen sogar fest, dass es nur etwa 10 % sind. Es bleibt natürlich zu bedenken, dass diese Menschen meistens nie die Möglichkeit hatten, in ihrer Heimat eine gute Ausbildung in Anspruch zu nehmen." Am Ende seines Schreibens erzählte er mir mit fast rührender Naivität von seiner persönlichen Begegnung mit einem Flüchtling: *"Ich habe einen Freund aus Westafrika, der sein Fahrrad eine Dreiviertelstunde ins Asylbewerberheim am Stadtrand schiebt, wenn sein Rücklicht nicht leuchtet. Er tut das, weil er auf keinen Fall anecken möchte. Von kriminell sein kann da gar keine Rede sein."* Ganz sicher nicht. Aber wenn es doch ein guter Bekannter des Lehrers aus Aschersleben ist, dann hätte dieser deutsche Freund ihm ganz unkompliziert bei der Reparatur seines Fahrrades helfen können und der junge Afrikaner wäre in zehn Minuten am Ziel gewesen. Was mich an dieser Zuschrift allerdings am meisten erschreckt hat, ist die unfassbare Blauäugigkeit, die aus diesen Zeilen spricht. Die *"öffentlichen se-*

xuellen Belästigungen", die er nicht zu *"erkennen"* vermag, dürften seit der Silvesternacht von Köln selbst ihm zu Gehör gelangt sein. Kann man als Lehrer wirklich so weltfremd sein? Wieso bringt er seine Schüler engstirnig auf seine Linie? Das passt eher nicht in eine Schule, in der zur Courage ermutigt werden soll.. Dieses doktrinäre, fragwürdige, nicht wirklich pädagogische Konzept kennen wir doch noch aus der verblichenen DDR, wenn wir jede Schülerin und jeden Schüler zur sozialistischen Persönlichkeit "erziehen" mussten. Am Ende haben wir damit nicht wenige Menschen ohne Rückgrat aus den Oberschulen entlassen. Allerdings stand die damalige Lehrerschaft unter erheblichem politischen Druck einer Diktatur. Aber von denen, die keine Zivilcourage besitzen und nicht wagen, sich gegen den Mainstream zu stellen, gibt es ja auch heute leider auch mehr als genug – und die kommen garantiert nicht alle aus der ehemaligen DDR. Nach drei kritischen Zuschriften an mich persönlich erfuhr ich noch aus der Zeitung, dass die Lehrerschaft des Halleschen Herdergymnasiums mir in einem Offenen Brief (der mir nie zugestellt wurde, weshalb ich auch nicht weiß, wer ihn unterzeichnet hat) bescheinigte, ich müsse mir den Vorwurf gefallen lassen, „ein geistiger Brandstifter" zu sein.[107] Dann kam nichts mehr und es war zu diesem Zeitpunkt unvorstellbar, dass dieser Meinungsaustausch nur die Ouvertüre zu einem erschreckenden Spektakel war.

---

[107] Zitiert nach Alexander Schierholz: „Scham und Bedauern", in: Mitteldeutsche Zeitung, 11.11.2015

Am Freitag, dem 6. November 2015, erreichte mich am Nachmittag der Anruf eines Journalisten. Ziemlich aufgeregt bat er mich um eine Stellungnahme zu einem Leitartikel in der Ende Oktober erschienenen Zeitschrift des Philologenverbandes Sachsen-Anhalt, in dem bedenkliche Äußerungen gegen Flüchtlinge getätigt worden seien, die inzwischen deutschlandweit für großen Wirbel sorgten. Zunächst wusste ich gar nicht, was der gute Mann eigentlich von mir wollte und ich teilte ihm mit, dass ich keine Zeile in irgendeinem von mir veröffentlichten Beitrag zurückzunehmen gedenke. Ich sagte wörtlich: "Ich habe mich in der DDR nicht verbogen und habe nicht die Absicht, das in unserer heutigen Demokratie zu tun. Im Herbst 1989 bin auch ich genau deshalb mit Tausenden in Leipzig auf dem Ring zu den Montagsdemonstrationen gewesen. Außerdem kann ich nicht nachvollziehen, was an diesem Editorial so für Empörung sorgt." In etwas vereinfachter Form konnte man dieses Statement am nächsten Morgen auch in der „Mitteldeutschen Zeitung" lesen.[108]

Ich war also vollkommen überrascht, denn vor einigen Wochen wurde in der „Magdeburger Volksstimme" ein Leserbrief der stellvertretenden Vorsitzenden unseres Landesverbandes, Iris Seltmann-Kuke, mit wichtigen Passagen dieses späteren Leitartikels abgedruckt, der

---

[108] Bereits am 06.11.2015, 16:52 Uhr wurde ich in der Mitteldeutschen Zeitung (online) unter der Überschrift: „ Philologenverband Sachsen- Anhalt: Empörung über Lehrerverband nach Warnung vor Flüchtlingen", bruchstückhaft zitiert: „Ich habe mir vor 1989 nicht den Mund verbieten lassen und tue das jetzt auch nicht."

kaum zur Kenntnis genommen, geschweige denn für besonderes Aufsehen gesorgt hatte. Iris schrieb dazu: *"Damit war der Artikel schon öffentlich und nur mit meinem Namen gezeichnet. Keiner hat reagiert, weder Presse noch Parteien – also hat man den Artikel öffentlich schon toleriert."* Oder ignoriert. Darin hatte sie ihre Bedenken geäußert, dass mit den unkontrollierten Flüchtlingsströmen sehr viele junge Männer kommen, denen der respektvolle Umgang mit Frauen und Mädchen in Europa völlig fremd ist. Einige dieser Passagen übernahm ich – etwas sanfter formuliert – in jenes Editorial, was plötzlich für heftige Diskussionen sorgte: "Schon jetzt hört man aus vielen Orten in Gesprächen mit Bekannten, dass es zu sexuellen Belästigungen im täglichen Leben, vor allem in öffentlichen Verkehrsmitteln und Supermärkten kommt. Auch als verantwortungsbewusste Pädagogen stellen wir uns die Frage: Wie können wir unsere jungen Mädchen im Alter ab 12 Jahren so aufklären, dass sie sich nicht auf ein oberflächliches sexuelles Abenteuer mit sicher oft attraktiven muslimischen Männern einlassen?" Iris Seltmann-Kuke schrieb am 11. November an eine Vertraute im Deutschen Beamtenbund (Dachorganisation des Philologenverbandes) zu ihren aufrichtigen Absichten, die sie mit den geäußerten Sorgen verband: *"Bei jeder 'Rechtfertigung' wird sofort abgeblockt, wenn ich auf die sexuellen Übergriffe eingehe, das will man einfach nicht hören! Auch wenn man uns niedermacht, ich werde das Thema weiterverfolgen, denn jedes Opfer ist eines zu viel und mit jedem Opfer meine ich auch die Seite der Mädchen und Frauen, die in diesen Aufnahmestätten untergebracht und wehrlos solchen Übergriffen ausgesetzt sind ... Jeder Einzelfall ist wichtig, jeder Fall ist einer zu viel. Es geht um die Rechte der Frauen und um ihre Würde ... Vielleicht erhoffen sich sogar die Frauen, die aus anderen Kulturen kommen, dass wir ihnen helfen und sie ein Stück des Weges in die Selbstbestimmung begleiten. Und unsere Frauen und Mädchen erwarten Hilfe, sie wollen mit diesem Thema nicht allein gelassen werden. Wir haben in unserem Artikel nicht geschrieben, dass die Opfer nur deutsche Frauen sind. Natürlich verurteile ich auch jeden deutschen Mann, der sich an einer Frau oder einem Kind – egal welcher Nation – vergreift ... Ziel war es, offen über das Thema zu diskutieren und es nicht totzuschweigen."*

An jenem 6. November erhielt ich sehr viele Anrufe von Journalisten aus dem gesamten Bundesgebiet. Ich war fassungslos über diese ungeheuerliche Resonanz und wie gelähmt starrte ich auf den entstehenden Shitstorm gegen meine Person. Ein Redakteur, den ich sehr gut kannte, verriet mir dann, wieso dieser bisher vollkommen unbeachtete Artikel solches Aufsehen verursachte. An diesem Freitag im November fand ausgerechnet der "Parlamentarische Abend des Philologenverbandes Sachsen-Anhalt" in Magdeburg statt. Dort sollten die bildungspolitischen Sprecher der Parteien im Landtag im Vorfeld der Wahlen am 13. März 2016 über ihre Programme, die Schulpolitik betreffend, mit uns als Fachgewerkschaft der Gymnasiallehrer in die Diskussion eintreten. Als Podiumsgäste waren auch Birke Bull (DIE LINKE) und Claudia Dalbert (Bündnis 90/Die Grünen) geladen und diese informierten sich im Vorfeld in unserer Zeitschrift über unsere aktuellen Stellungnahmen. Dabei muss ihnen der Artikel zur Flüchtlingsdebatte untergekommen sein. Die einmalige Gelegenheit, mich als bildungspolitischen Widersacher (weil ich ihre egalisierende, und gymnasialfeindliche Schulpolitik immer als Traumtänzerei abgelehnt habe) auszuschalten, kam ihnen ganz sicher nicht ganz ungelegen. Genau an diesem 6. November erlangten jedenfalls auf wundersame Weise die Journalisten Kenntnis von diesem Beitrag im unbedeutenden Philologenmagazin, dem sie sonst so gut wie keine Beachtung geschenkt hatten. Da die Stimmung ohnedies extrem aufgeheizt war, und die Menschen in Deutschland angesichts dieser Entwicklung sich zunehmend verunsichert zeigten, schlugen die Medien, einen handfesten Skandal witternd, gezielt zu. Ohne den Beitrag offensichtlich in seiner Vollständigkeit gelesen oder gar objektiv beurteilt zu haben, stürzte sich nun nach den Presse- und Fernsehleuten die gesamte Multi-Kulti-Szene von Autonomen über die Parteien links von der CDU bis zu Gewerkschaften und Institutionen auf mich und übertraf sich in Schmähungen, völlig haltlosen Unterstellungen, Fehlinterpretationen und Beleidigungen, aber vor allem in der Betonung der eigenen wohlwollenden Rolle als verständnisvolle Befürworter und Unterstützer aller Asylsuchenden unter dem ermunternden Ruf: „Refugees welcome!" Das sorgte für Aufsehen – über die deutschen Grenzen hinaus. Ein Kollege, der aus Budapest stammte, übersetzte mir einen kleinen Artikel, der in einer ungarischen Zeitung erschienen war. Darin boten die Redakteure uns beiden, also mir und meiner Stellvertreterin, „Exil" an, weil sie unsere „mutigen Worte" beeindruckend fanden und die Haltung der „deutschen Presse beschämend". Selbstverständlich brachten Dalbert, Bull und Reinicke (SPD, diese allerdings unsicher und verhalten) die Thematik vor den etwa 40 Anwesenden zur Sprache. Während die meisten Teilnehmer sich offensichtlich wunderten, was denn an diesem Artikel so skandalös sei, warfen mir die Genannten vor, dass ich rassistische und religiöse Vorurteile bediene, Ängste schüre und verantwortungslos als Lehrer und Vorsitzender eines elitären Fachverbandes handele. Während Hardy-Peter Güssau (CDU, bildungspolitischer Sprecher) die ganze Aufregung nicht verstehen konnte und eine sachliche Diskussion forderte, redete Eva Feußner (CDU, viele Jahre bildungspolitische und nunmehr finanzpolitische Sprecherin), ohnehin bekannt für ihre gewissenhafte, ehrliche parlamentarische Arbeit und vor allem ohne Scheu vor kritischen Auseinandersetzungen, Klartext: *"Es kann doch wohl nicht sein, dass Sie, verehrte Kolleginnen Dalbert und Bull, die Gelegenheit nutzen, den Vorsitzenden des Philologenverbandes zu demontieren, bloß, weil er Dinge anspricht, die uns alle zurzeit sehr bewegen. Man sollte auch über Positionen sachlich reden, wenn diese Ihnen vielleicht nicht gefallen. So kann man doch keine Probleme lösen. Wenn Sie alle Leute, die nicht vorbehaltlos der Willkommenskultur zustimmen, in eine rechte Ecke stellen, müssen Sie sich doch nicht wundern, wenn keiner mehr mit Ihnen über solche Themen reden will. Sie sollten endlich einmal selbst das tun, wozu Sie ständig auffordern: Toleranz üben und Verständnis zeigen."* Das saß, bei den meisten Gästen kam das richtig an: Dem Gesagten ließ sich nichts wirklich Überzeugendes mehr entgegenhalten. Von einer Verurteilung Iris Seltmann-Kukes und meiner Person, wie es die Damen der Fraktionen der LINKEN und Grünen sicher gern pressewirksam gesehen hätten, waren die Anwesenden meilenweit entfernt. Hardy-Peter Güssau prophezeite, mit Blick auf die sich in ganz Deutschland überschlagenden Medien, mit ironischem Unterton: „Jürgen, du wirst gerade zum Helden für viele gemacht!"

Aus den Reihen der Lehrerschaft kamen allerdings auch in den folgenden Wochen keine nennenswerten Reaktionen. Magda F. deutet das so *"Leider bewahrheitet es sich wieder, dass viele Lehrer feige sind, ich weiß, wovon ich rede. Anders kann man die Distanzierung der übrigen Philologenverbände nicht deuten."* Ich glaube nicht, dass mangelnder Mut und fehlende Zivilcourage das Markenzeichen einer Berufsgruppe ist, denn viele meiner Kolleginnen und Kollegen stellten sich in jenen Tagen ganz offen hinter mich. Ein noch so starker Philologenverband kann allerdings auch niemals adäquates Sprachrohr all seiner Mitglieder sein, wie ich im nächsten Abschnitt zeige.

Am darauf folgenden Morgen sprach die Landesleitung über den inzwischen voll entfalteten Presse-"Shit-Storm". Meine Stellvertreterin und ich boten unseren sofortigen Rücktritt an, um möglichen Schaden vom Verband fernzuhalten. Man wusste natürlich noch nicht, was die nächsten Tage diesbezüglich erwarten ließen. Nach längerer, sehr offener Diskussion entschied sich der Geschäftsführende Vorstand – so nennt sich die Landesleitung bei den Philologen – am 7. November einstimmig, den Rücktritt nicht anzunehmen. Falls, wider Erwarten, mehr als 10 % unserer Mitglieder aufgrund des Editorials ihren Austritt erklären würden, wollten wir beide auf jeden Fall unsere Funktionen zur Verfügung stellen. Insgesamt verließen aus diesem Grund keine 10 Mitglieder unseren Verband, also etwa 1 % der in der Fachgewerkschaft organisierten Lehrerinnen und Lehrer.

Dem stellvertretenden Landesvorsitzenden wurde es dann angesichts des heftigen Medienrummels, des ungewohnten öffentlichen Drucks und der derben Schelte aus vielen Philologen-Landesverbänden wohl doch ziemlich mulmig und ihn verließ mit vier weiteren Mitgliedern unserer Landesleitung der Mut, sich an die getroffenen Absprachen zu halten und sich hinter uns beide zu stellen. Das ist menschlich verständlich, denn schließlich hatten wir als Verfasser des Textes auch unter der medialen Großoffensive entschieden, uns für einige für damalige Verhältnisse unglücklich gewählte Formulierungen im EDITORIAL zu entschuldigen. In SPIEGEL ONLINE vom 9.11.15 konnte man das so lesen: *„Nach massiver Kritik* *an einem Kommentar zur Flüchtlingspolitik hat der Chef der Philologen in Sachsen-Anhalt nun Bedauern geäußert. Er habe niemals die Absicht gehabt, 'Menschen anderer Religionen, Nationen und Kulturen zu diffamieren, Ängste zu schüren, nationalistische Klischees zu bedienen oder zu pauschalisieren', schreibt Jürgen Mannke am Montag in einer Erklärung auf der Homepage des Philologenverbandes Sachsen-Anhalt. 'Die Wortwahl einiger Passagen sehe ich im Nachhinein als unglücklich und missverständlich gewählt', so Mannke weiter. 'Dafür möchte ich mich entschuldigen.'"*[109] Dazu stehe ich, obwohl mir in einigen Zuschriften daraus der Vorwurf gemacht wurde, ich sei unter dem Druck der Medien zusammengebrochen: Dr. S. aus Gera, der in einem Brief vom November betonte, dass ich ganz sicher sein könne, „*einer überragenden Mehrheit der Deutschen voll und ganz aus dem Herzen gesprochen (zu) haben*", zeigte sich zwei Tage später erschüttert, „*wie Sie so einfach einknicken und alle Hoffnungen zunichte machen. Gute Nacht Deutschland! Hier ist alles zu spät ... Denn Leute in entsprechenden Positionen, die die Interessen des Volkes friedlich vertreten (wie Sie es hätten sein können) gibt es offenbar keine!*" Meine Erklärung eignete sich also wirklich nicht, dem Philologenverband Schaden zuzufügen, sondern vielmehr dazu, die Angelegenheit in ein objektives Licht zu rücken. Dennoch reifte in den fünf Herren der Entschluss, mich aus dem Amt zu jagen.

---

[109] "Philologenchef sagt Entschuldigung", in: Spiegel Online, 09.11.2015, 12:05 Uhr

Normalerweise fordert man dazu die Einberufung einer Sondersitzung, in der sich alle Beteiligten in die Augen sehen können und ehrlich und offen ihre Meinungsverschiedenheiten austragen und unterschiedliche Standpunkte darlegen sollen. Stattdessen griff der stellvertretende Landesvorsitzende zu einer konspirativen Methode, er lud seine Getreuen am Abend des 11. November ohne Wissen der anderen 4 Mitglieder des Vorstandes ein (deren Unterstützung er sich nicht sicher sein konnte), um meine Absetzung effizient voranzutreiben. Da es für die sachsen-anhaltische Gymnasiallehrervertretung ein nahezu unersetzbarer personeller Verlust bedeutet und den Verband an neuralgischen Punkten fast handlungsunfähig gemacht hätte, Iris Seltmann-Kuke und mich gleichzeitig zum Rücktritt aufzufordern, erhielt nur ich am 12.11. eine peinliche Mail. Als Indiz, mich zu isolieren, kann gesehen werden, dass mir die fünf Kollegen unterstellten, ich würde gegenüber von Iris Seltmann-Kuke *"Demontage oder In-Haft-Nahme* (sic)" betreiben, was sie selbst immer dementiert hatte. Dieses Schriftstück verletzte mich, hatte ich doch mit einigen der Unterzeichner über 20 Jahre für den Verband recht gut zusammengearbeitet. Die Mail war an Heuchelei kaum zu überbieten. Zunächst wurde in pathetisch anmutender Weise gelobt: *"Du hast maßgeblich beim Aufbau und der Etablierung unseres Verbandes mitgewirkt, in den Jahren im Vorstand und vor allem als Vorsitzender hohen persönlichen Einsatz und viel Kraft investiert, um für die Belange unserer Mitglieder zu streiten und die Interessen des Gymnasiums nachdrücklich zu vertreten ..."* Dann wurde kompletter Unsinn geschrieben: *„Es bestand Einigkeit, dass der Artikel keine Äußerung des Verbandes darstellt und er ohne Wissen des Vorstandes sowie am Redaktionskollegium vorbei veröffentlicht wurde."* Warum hatte niemand in der Sitzung am 7. November gesagt, dass dieser Artikel keine Äußerung des Verbandes darstellt? Ganz einfach: Weil es Quatsch ist, denn Beiträge, die von einzelnen Personen verantwortet werden, sind niemals das Bekenntnis eines ganzen Verbandes, sondern oft Angebote zur sachlichen Auseinandersetzung. Neben meiner Wenigkeit waren es allerdings meist nur Iris Seltmann-Kuke und der viel zu früh verstorbene ehemalige stellvertretende Landesvorsitzende, Dr. Dankward Vollmer, die dem Schriftleiter, Henry Elstermann (der übrigens auch nach diesen Ereignissen seine Funktion niederlegte), eigene Artikel zukommen ließen und alle Vorstandsmitglieder waren immer heilfroh, dass die Ausgaben pünktlich in guter Qualität und in gewohnter Seitenzahl erschienen. Niemals in den 25 Jahren wurde über irgendeinen Artikel, der nicht ausdrücklich als Presseerklärung herausgegeben werden sollte, im Vorfeld des Erscheinens diskutiert, ein Redaktionskollegium gab es nur auf dem Papier. Dann kam das dicke Ende: *"Im Ergebnis der weiteren Diskussion sind wir zu der Überzeugung gekommen, dass eine zukünftige Arbeit des Verbandes mit dir als Vorsitzenden für uns nicht vorstellbar ist. Als Interessenvertretung und Berufsverband sind wir darauf angewiesen, Zugang zu allen politischen*

Verantwortungsträgern zu erhalten und im Wesentlichen unbelastet unsere Positionen und die Anliegen unserer Mitglieder vortragen zu können." Daraus spricht nicht nur Angst vor der politischen Isolation des Verbandes (die übrigens niemals von irgendeiner Partei praktiziert wurde), sondern auch die Furcht vor der Infragestellung der eigenen Funktion in der Öffentlichkeit. Für Iris Seltmann-Kuke, die das EDITORIAL mit zu verantworten hatte, traf diese Befürchtung offensichtlich nicht zu. Erstaunlicherweise konnte sich einer der Unterzeichner dieser Mail bereits Ende Dezember nicht mehr daran erinnern, mich zum Rücktritt aufgefordert zu haben. Wörtlich formulierte er gegenüber der Mitteldeutschen Zeitung am 29.12.2015: *„Es sei ‚ihm nicht bekannt', dass Vorstandsmitglieder Mannke zum Rücktritt gedrängt hätten, sagte Hermann Weinert, der vorübergehend die repräsentativen Aufgaben Mannkes übernommen hat. ‚Es gab aber Sorgen aus dem Vorstand heraus, dass es nicht wie bisher weitergehen könne. 'Doch der Schaden für den Verband ist da', sagte Weinert."*[110] Dann hat Hermann wahrscheinlich selbst nicht gründlich gelesen, was er da eigentlich unterschrieben hat. Mit der Befürchtung, dass dem Verband Imageverlust drohe, hat er anderweitig recht behalten: Mich haben persönlich über 20 empörte Kolleginnen und Kollegen angerufen, die den Verband aufgrund der *„miesen Intrige einiger Vorständler gegen mich"* (Ute S. aus Naumburg) verlassen wollten. Aber

---

[110] Jan Schumann: "Mannke geht gekränkt", in: Mitteldeutsche Zeitung, 29.12.2015, S.2

Hermann Weinert, mit dem ich mich bis zu diesen Ereignissen immer gut verstand, hatte mich immerhin Mitte November im Bundesvorstand vertreten, weil ich nicht mehr die Nerven besaß, mich den massiven Anfeindungen in diesem Gremium auszusetzen.

Ein offenes Bekenntnis zu Iris und mir war in jenen Tagen dem eigenen Ruf oder der Karriere sicher wenig förderlich. Nicht wegen des Artikels, sondern aufgrund der für mich unerträglichen Handlungsweise dieser fünf Unterzeichner habe ich nach zwei weiteren direkten Auseinandersetzungen am 12. November und 4. Dezember den Verband für immer verlassen. Nur Jörg R. bewies viele Monate später Charakterstärke und bat mich um ein Gespräch, in dem er u. a. seine damalige Handlungsweise kritisch betrachtete. Er betonte, dass ihm an einer vernünftigen Zusammenarbeit mit mir gelegen sei.

Viele Zuschriften erreichten mich nach meinem Amtsverzicht in Staßfurt am 4. Dezember 2015; darunter war keine einzige, die ihn begrüßte. *„Mit großem Bedauern habe ich von Ihrem Rücktritt erfahren. Meiner Ansicht nach haben Ihre Warnungen und Ängste genau ins Schwarze getroffen und es tut mir leid, dass Sie sich dem großen Druck der Öffentlichkeit nun beugen mussten. Ich bin selbst Erzieherin und Mutter von vier Kindern und ich wünsche mir Lehrer wie Sie, die den Mut haben, die Wahrheit klar zu benennen und auf Probleme hinzuweisen."* (Frau Simone St. aus Windach) Steffen S., der in Burg als Lehrer arbeitet, zeigte sich entsetzt:
"Nur mit äußerstem Widerwillen habe ich ertragen, wie

mein Kollege in Sachsen-Anhalt, Dr. Mannke, vom Philologenverband angefeindet wurde, als er, quasi Köln vorausahnend, Sicherheitsvorkehrungen für seine Mädchen und Frauen anmahnte. Wie kann er nun rehabilitiert werden? Sein Engagement als Verbandschef ist vielleicht verloren und schwer zu ersetzen. Die Aufrücker können in ihrer Verlogenheit nun schwer glaubwürdig agieren ..." Dafür trat der stellvertretende Vorsitzende ein Jahr später noch einmal in der "Mitteldeutschen Zeitung" nach.[111] Wieder wärmte er die Mär von der verbandsschädigenden Wirkung unseres damaligen Editorials auf und kündigte an, mir keine Ehrung zuteil werden zu lassen. Ich hatte immer klargestellt, in einer solchen Schmierenkomödie ohnehin niemals mitzuspielen. Anlässlich des Wahlvertretertages in Staßfurt am 24.11.2016 zeigte der neu zu wählende Landesvorsitzende, dass er gewillt war, diese traurige Posse auszureizen: Vor den Delegierten führte er aus: *„Im November 2015 stand unser Verband im Ergebnis der bundesweiten Auseinandersetzung mit dem Leitartikel zur Flüchtlingssituation vor einer Zerreißprobe. Nicht die kritische Auseinandersetzung mit der Merkel'schen Willkommenskultur, sondern die im Kneipenjargon formulierte Aufgabe an die Gymnasiallehrer, minderjährige Schülerinnen vor gut gebauten, potenten Ausländern mit ausschließlich sexuellen Absichten zu schützen, löste bundesweit einen Sturm der Entrüstung aus, sorgte für eine deutliche und massive Distanzierung*

---

[111] "Philologen ziehen einen Schlussstrich. Keine Ehrung für Ex- Chef Mannke", in Mitteldeutsche Zeitung, 19.11.2016, S.4

aller Partner- und Dachverbände und für eine nachhaltige Schädigung unseres Verbandes. Diese und die fehlende nachfolgende, ehrliche Aufarbeitung ließen keine andere Möglichkeit, als den Rücktritt vom Vorsitz auf der Hauptvorstandssitzung im Dezember 2015 zu. Wir haben in dieser Zeit und im Nachgang viele Mitglieder aus unseren Reihen verloren, zum Teil aus Empörung über den Leitartikel, zum anderen Teil aus Solidarität zum damaligen Landesvorsitzenden."[112] Diese Passage aus dem Rechenschaftsbericht verdeutlicht, dass sich ein Teil der neuen Führung nach wie vor außerstande fühlt, die Geschehnisse vom Herbst des Vorjahres differenziert und realistisch aufzuarbeiten, schon gar nicht selbstkritisch, schon gar nicht gegen die angebliche "Merkelsche Willkommenskultur". Der Gymnasiallehrerverband zeigte 2015 und 2016 keine Bereitschaft, sich kritisch und mit der Flüchtlingsproblematik auseinanderzusetzen, sie proklamierten beherzte Erklärungen, in denen sie beteuerten, alles in ihrer Kraft stehende zu tun, um alle Kinder von Asylsuchenden in unser Bildungssystem zu integrieren. Das ist sehr lobenswert und widerspricht absolut nicht meinen Auffassungen. Die Kinder sind ja immer die Leidtragenden und unschuldig am Irrsinn von Gewalt, Intoleranz, Bürgerkrieg und Glaubenskämpfen. Dass im Februar 2017(!) der Deutsche Philologenverband nun viel zu spät öffentlich vor "Gettoisierung" in diesem Kontext warnt, muss man schon als wagemutig anerkennen.

---

[112] "Gymnasium in Sachsen- Anhalt", Zeitschrift des Philologenverbandes Sachsen-Anhalt, 1/2017

Aber es waren ja die Medien, welche den „Sturm der Entrüstung" forcierten. Die allerwenigsten Mitglieder verlor der Verband wegen meines Artikels. Selbst das wird nicht ehrlich gesagt, sondern verschämt verschleiert. Sehr wahrscheinlich wurden meine fünf ehemaligen Mitstreiter seinerzeit unter so starken Druck gesetzt, dass dieser bis heute nachwirkt. Die Sektionen im DPhV überboten sich im November 2015 in ihrer aufrichtigen Empörung über unseren „inakzeptablen" Artikel.

Allen voran schritt der zweitgrößte Landesverband im DPhV, Nordrhein-Westfalen. Der in Bildungsfragen ansonsten konsequent konservativ argumentierende Vorsitzende empörte sich aufs Heftigste und ließ seinen Pressesprecher Klaus Schwung folgende Mitteilung veröffentlichen: *„Der nordrhein-westfälische Philologen-Verband verurteilt aufs Schärfste die Äußerungen des Philologenverbandes Sachsen-Anhalt zur Flüchtlingsdebatte. In diesen wird u. a. die aktuelle Situation in Deutschland mit überschwappender ‚Immigranteninvasion' beschrieben und vor ‚sexuellen Abenteuern' mit muslimischen Männern gewarnt. ‚Wir sind entsetzt! Wir lehnen jegliche pauschalierenden und diskriminierenden Äußerungen ab! Mit dem Griff in tiefste ideologische Schubladen werden Ängste geschürt. Es ist unsäglich, gegen eine Religion zu hetzen. Als Lehrerinnen und Lehrer grenzen wir uns entschieden gegen jeden ab, der populistische, radikale und fremdenfeindliche Stimmungsmache betreibt. Auch lassen wir nicht zu, dass muslimische Mitbürger mit Pauschalunterstellungen ausgegrenzt werden', zeigt sich der*

Vorsitzende des nordrhein-westfälischen Philologen-Verbandes, Peter Silbernagel, erbost. Der Philologen-Verband NRW appelliert ausdrücklich an alle, die Herausforderungen der Flüchtlingsthematik menschlich und offen anzunehmen und anzugehen. Hierzu zählt auch der wertschätzende Umgang mit ALLEN Menschen!" [113] Solche apodiktischen Verlautbarungen kannte ich bisher nur aus den staatlich verordneten Empörungsschreiben in der DDR gegen Dissidenten oder vermeintliche imperialistische Kriegstreiber.

Mut zur ungeliebten Wahrheit ist eben keine Selbstverständlichkeit, auch bei noch so klugen Gymnasiallehrern nicht, die aber ihre Schülerinnen und Schüler genau dazu erziehen sollten. Der Expressionist Gottfried Benn schrieb in einem solchen Zusammenhang einmal treffend: *"Das Abendland geht nicht zugrunde an totalitären Systemen, auch nicht an seiner geistigen Armut, sondern an dem hündischen Kriechen seiner Intelligenz vor den politischen Zweckmäßigkeiten."* Dummerweise kam das helle Empörung suggerierende, aber eigentlich nur propagandistisch verfasste Schreiben des Philologenverbandes Nordrhein-Westfalen bei vielen Kollegen des eigenen Verbandes schlecht an. Marcel L. aus Hamm, selbst Philologen-Mitglied, distanzierte sich in einem Brief an Herrn Schwung mit vielen anderen Kolleginnen und Kollegen, von dieser Pressemitteilung: *"Ich denke, mit*

---

[113] Klaus Schwung/Peter Silbernagel: "Klare Distanzierung von Hetzparolen und Diffamierung von Flüchtlingen!" Presseerklärung des Philologenverbandes Nordrhein- Westfalen, 07.11.2015

Formulierungen wie 'erbost', 'wir sind entsetzt', 'wir sind schockiert', 'Hetzkampagne' usw. bedient sich der Ph-NRW eines in der Sache deutlich überzogenen Empörungsvokabulars und eines Reaktionsmusters, das vorwiegend von Linken, Grünen und der SPD sowie vieler Medien opportunistisch moralisierend gepflegt wird. Damit kann ich mich genauso wenig identifizieren wie mit in Teilen unglücklichen Formulierungen von Herrn Mannke, was er selbst zugibt. Sein Essay ist aber meiner Ansicht nach durchaus nicht pauschalierend, sondern auch differenzierend, z. B. schon durch den zweiten Satz des Artikels ('Ohne Zweifel ist es unsere humane Pflicht, Menschen, die in existenzielle Not durch Krieg und politische Verfolgung geraten sind, zu helfen. Aber es ist ungemein schwer, diese von Leuten zu unterscheiden, die aus wirtschaftlichen oder gar kriminellen Motiven in unser Land kommen.') Angesichts des unkontrollierten, von Überforderung der Grenzschutz- und Polizeibeamten geprägten Zustroms von Flüchtlingen ist eine gewisse Skepsis durchaus angebracht, ob alle Menschen mit redlichen Absichten nach Deutschland strömen. In NRW hat es z. B. in Herzogenrath ... in unmittelbarer Nachbarschaft zu einem Gymnasium Unruhen in einer als Flüchtlingsunterkunft genutzten Schulsporthalle gegeben, unklar ist, ob sexuelle Übergriffe in der Unterkunft stattgefunden haben; Schulleiter von Schulen in der Nähe von Flüchtlingsunterkünften empfehlen ihren Schülern, den Kontakt zu Flüchtlingen zu meiden (fehlende Gesundheitskontrollen, stressbedingte Spannungen in den Unterkünften, kulturelle Unterschiede sind wohl die Gründe). Ich denke, das sind keine Rassisten und Rechtsradikale, sondern fürsorgliche Pädagogen. Herrn Mannke würde ich aufgrund seiner Aussagen auch dazu rechnen, ich kann mir sehr gut vorstellen, dass sein Essay wohlbegründet ist. Sie dagegen stellen die Interessen der Flüchtlinge und die Angst vor Rechtsradikalismus und durch Ihre Distanzierung womöglich auch eine Rufschädigung des PhV einseitig in den Vordergrund Ihrer Ausführungen." Marcel L. gratuliert mir in seinem an mich direkt gerichteten Anschreiben *"herzlich unbekannterweise zu Ihrer Schüler- und Elternschaft"*, die sich ja einmütig hinter mich gestellt haben. Andreas R., ebenfalls Mitglied im Landesverband NRW, zeigte sich auch „schockiert", *„aber nicht über Ihre Äußerungen im Leitartikel Ihrer Verbandszeitschrift, sondern über die Reaktion meines Verbandes. Ihre Äußerungen und Befürchtungen teile ich voll und ganz. Als Vater zweier heranwachsender Töchter möchte ich allerdings darauf aufmerksam machen, dass nicht nur Mütter die ‚ungehemmten Einwanderungsströme' mit sehr viel Sorgen betrachten'. Ich ermutige Sie, auch weiterhin Klartext zu reden."* Michael H. aus Lage sah ebenfalls keinen Grund, sich gegen meinen *„ernsthaften und meines Erachtens sachlich zutreffenden Artikel zu wenden. Insofern spricht der PhV/NRW keinesfalls für mich."* Eine längere Stellungnahme an den Vorsitzenden des Landesverbandes NRW gab mir Reinhard N. aus Ebhausen zur Kenntnis, der sich in seinem Anschreiben an mich von *„der absolut schleimigen Presseerklärung des Herrn*

Silbernagel aus Nordrhein-Westfalen" distanzierte. Damit nicht genug, denn er leistet in seinem Schreiben genau das, was man eigentlich auch von Philologen und guten Journalisten erwarten darf: Er liest gründlich, analysiert klar und wertet differenziert. Dadurch kommt er logischerweise nicht zu dem Ergebnis, mich so zu verurteilen, wie es unter vielen leider auch die Führung des PhV –NRW und andere Landesverbände getan haben: *"Es ist eine Selbstverständlichkeit, dass der Philologenverband (und natürlich nicht nur er) 'pauschalisierende und diskriminierende Äußerungen 'ablehnt. Die Frage ist jedoch: Finden sich solche Äußerungen in dem Leitartikel des Philologenverbandes von Sachsen-Anhalt? Die Autoren vermeiden pauschalisierende Äußerungen ... So heißt es, dass die jungen Männer 'NICHT IMMER mit den ehrlichsten Absichten' kämen, dass es sich um 'OFT AUCH ungebildete Männer' handle und dass die Autoren 'aus VIELEN Orten' hörten, dass Schülerinnen belästigt würden ... Schauen wir uns diese Aussagen näher an: Natürlich kommen **nicht alle** muslimischen Männer mit den ehrlichsten Absichten. Sie kommen zum Teil auch illegal und mit gefälschten Pässen ...Dass sie 'alle' nur kämen, um Mädchen zu belästigen, wird an keiner Stelle des Leitartikels gesagt. Wenn die Autoren von 'oft auch ungebildeten Männern' sprechen, haben sie so unrecht nicht. So äußerte sich z. B. die Bundesministerin für Soziales, Andrea Nahles, am 15.09.2015: 'Nicht einmal jeder Zehnte bringt die Voraussetzungen mit, um direkt in eine Arbeit oder Ausbildung vermittelt zu werden. Nicht* *alle, die da kommen, sind hochqualifiziert. Der syrische Arzt ist nicht der Normalfall.'* Dass es zu *'Belästigungen im täglichen Leben'* kommt, ließe sich erhärten, wenn man sich die Mühe macht, kleine Meldungen in der Presse, die eben auch nicht alles verschweigen kann, zu sammeln. Zumindest in Flüchtlingsunterkünften gibt es das Phänomen. *'Der Paritätische Wohlfahrtsverband und der Hessische Frauenrat berichteten kürzlich von sexuellen Übergriffen, Vergewaltigungen und Zwangsprostitution in der Erstaufnahme Gießen'*, kann man in ZEIT-ONLINE vom 18.09.2015 nachlesen."Wir haben auch nicht unsäglich gegen eine Religion gehetzt, das widerspricht unseren Überzeugungen und kann außerdem nach dem §166 des deutschen Strafgesetzbuches mit Freiheitsentzug bis zu drei Jahren bestraft werden. Und, so bemerkt Reinhard N. richtig, *"ist der wertschätzende Umgang mit allen Menschen unsere Pflicht, selbstverständlich auch mit muslimischen, die ja nichts dafür können, dass sie in ihre Religion hineingeboren wurden."* Aber Kritik darf doch wohl erlaubt sein, wenn sie nicht in finstere Regionen der demagogischen Hetze oder Menschenverachtung abgleitet. Mir solches zu unterstellen, ist wirkliche bösartige Diffamierung.

Den Bundesvorsitzenden des DPhV, Heinz-Peter Meidinger, kenne ich schon seit Beginn der Neunzigerjahre und der Deutschlehrer und Schulleiter eines Gymnasiums im bayrischen Deggendorf ist ein sehr kluger, besonnen agierender Mensch, den ich außerordentlich geschätzt habe. Als Verbandschef von sechzehn, manchmal in der Debatte oft divergierenden Landesverbänden, muss er nicht selten sein ganzes diplomatisches Geschick aufbringen, um notwendigen Konsens zu vermitteln. Folgerichtig rang er sich angesichts des ungeheuren Drucks der Medien eine ausgewogene Presseerklärung ab, für die er von einigen übereifrigen Landesvorsitzenden postwendend gerügt wurde. Der DPhV-Vorsitzende erklärte: "*Das Aufgreifen von unbestätigten Gerüchten in einer schon jetzt gesellschaftlich aufgeheizten Situation ist mit Sicherheit nicht der richtige Weg, die vor unserer Gesellschaft und unseren Schulen liegenden Herausforderungen zu meistern. Ich halte deshalb all jene Passagen in dem von zahlreichen Medien, Politikern und Bürgern kritisierten Editorial der aktuellen Verbandszeitschrift des Philologenverbands Sachsen-Anhalt für weder berechtigt noch akzeptabel, in denen mit Hinweis auf Gespräche mit Bekannten unbestimmte Ängste vor sexuellen Belästigungen junger deutscher Mädchen durch muslimische Einwanderergruppen thematisiert werden.*" [114]Zugleich nahm Meidinger uns auch in Schutz: "*Bei aller berechtigter Kritik an dem Artikel muss festgehalten werden, dass sich beide zur humanen Pflicht, Menschen, die in existenzielle Not durch Krieg und politische Verfolgung geraten sind, zu helfen, bekennen.*" [115]Wenn man bedenkt, unter welchem Druck

---

[114] Zitiert nach: Markus Decker/Walter Zöller: „Diese Äußerungen sind pures Gift", in: Mitteldeutsche Zeitung, 8.11.2015
[115] ebenda

Meidinger selbst in der eigenen Fachgewerkschaft stand, konnte man diese moderate Verlautbarung als gutes und fast mutiges Zeichen dafür werten, dass sich der Deutsche Philologenverband nicht von seinen wertkonservativen und weitsichtigen Maximen verabschiedet hatte. Dennoch verurteilte der Bundesvorstand einmütig den von uns im Editorial angeblich erhobenen "*Generalverdacht gegen muslimische männliche Jugendliche*", der allerdings in dem Artikel niemals geäußert wurde. Die Passage in unserem Beitrag, wo die Sprache auf die "jungen, oft ungebildeten Männer" kommt, die ihr natürliches Bedürfnis nach Sexualität auch in der Fremde ausleben wollen, enthält nur die allzu berechtigte Frage, ob es bei dem tradierten Frauenbild möglich sein kann, dass sie, „ohne mit den Normen unserer Gesellschaft in Konflikt zu geraten, ihre Sexualität ausleben oder Partnerschaften in Deutschland anstreben können." Da geht es nun wirklich nicht um das schmutzige, aus der Kolonialzeit stammende Vorurteil vom dunkelhäutigen, brünstigen Vergewaltiger, sondern lediglich um eine mögliche Alternative, welche die moderne, aufgeklärte westliche Gesellschaft solchen Menschen bieten kann, damit diese sich in wirklich allen Lebensbereichen integrieren können. Als Philologe, also Freund des Wortes, sollte man schon erwarten können, dass Texte keiner derart pauschalen Fehlinterpretation ausgesetzt werden. Als Bundesvorsitzender bereitete es Heinz-Peter Meidinger verständlicherweise große Sorge, dass der im Osten am besten organisierte Landesverband Sachsen-Anhalt zerbricht. Dabei trieb ihn die unangenehme Vorstellung um, dass die "*Editorialkritiker*" den Vorstand verlassen könnten, eine fatale Vision, nicht einmal nur als Schlagzeile in der Presse, sondern auch angesichts der gerade so richtig in Gang gekommenen medialen Offensive gegen mich und Iris Seltmann-Kuke, die letztendlich dem gesamten Landesverband Schaden zufügen könnte. Unsicher war sich Meidinger auch über die Folgen unserer vermeintlichen verbalen Entgleisung, wenn er mir in einer Mail mitteilt: "*Nicht abzusehen ist die Frage, ob über einzelne Austritte hinaus dauerhafter Imageschaden für den DPhV und seine Landesverbände entstanden ist.*" Nichts dergleichen geschah, im Gegenteil: Eine Reihe von Mitgliedern verließ den Deutschen Philologenverband, weil sie sich nicht mit den empörten Reaktionen ihrer Verbandsspitzen anfreunden wollten. Unsere niedersächsische Partnergewerkschaft, die mich bereits als ein Redner zum 25. Jahrestag der Begründung unserer Verbindung in die Kaiserpfalz Goslar für Ende November 2015 eingeladen hatte, zog diese unter dem Druck des heftigen Pressesturms zurück, aus Sorge, dass der sozialdemokratische Ministerpräsident von Niedersachsen seine Zusage nicht einhalten könnte. Das enttäuschte mich tief, hatte doch gerade die niedersächsische Verbandsspitze bei jeder sich bietenden Gelegenheit unsere tiefe und unverbrüchliche Freundschaft beteuert. Peter N. aus Burg wertet, wenn auch etwas drastisch, die Gemüts- und Stimmungslage, nicht nur unter den Philologen-Funktionären, am 7. November 2015 ganz treffend: "*Es gibt sie also doch noch in dieser Gesellschaft von Lemmingen und Mann'schen Untertanen: Menschen wie Sie mit Anstand, Rückgrat und Charakter ... lassen Sie sich bitte nicht mundtot machen. Diejenigen, die jetzt mit (g)eiferndem Fanatismus gegen Sie zu Felde ziehen, sind im Zweifelsfall die allerersten, die ihre 'Überzeugung' skrupellos und ohne mit der Wimper zu zucken über Bord werfen werden. – Sofern dies nur dem eigenen Vorteil und Fortkommen und dem 'Zeitgeist' dient. Diese charakter- wie wirbellosen Individuen nannte man vor 25 Jahren zurecht 'Wendehälse'. "Die wahren Freunde erkennt man eben erst in der Not*, sagt ein altes Sprichwort. Frank H., den ich seit über 20 Jahren kenne, empörte sich als Vorsitzender des sächsischen Philologenverbandes. Er zeigte sich schockiert von mir: „*Wenn man so einen Leitartikel liest – ich hab ihn am Sonnabend gelesen – dann fragt man sich schon, was im Kopf von so einem Kollegen vor sich geht, und wie man zu solchen Meinungsäußerungen kommen kann. Für mich war es eigentlich erschreckend, dass hier eine Personengruppe pauschal verurteilt wird, dass hier Stammtischparolen in einer Verbandszeitschrift zum Tragen kommen.*" Frank H. fordert mich direkt zum Amtsverzicht aufgrund eines fehlinterpretierten Artikels auf: „*Ich kann mir auch nicht vorstellen, dass das bei Herrn Mannke aus Unwissenheit geschehen ist. Er ist ein schlauer Mann eigentlich. Und er hätte wissen müssen, dass das Unsinn und absoluter Blödsinn ist, was er da von sich gibt. Für ihn wäre eigentlich die richtige Reaktion, von seinem Amt des Landesvorsitzen-*

den zurückzutreten." ¹¹⁶ Dass in diesem EDITORIAL nun wirklich kein Blödsinn stand, konnte hinreichend bewiesen werden. Vielleicht hat das Frank H. inzwischen auch bemerkt. Anstatt mit mir das Gespräch zu suchen, wie es der Bundesvorsitzende tat, zogen einige Landeschefs lieber in vorauseilendem Gehorsam an der ansonsten von ihnen als unverbesserliche linke, sozialutopisch verträumte Truppe geschmähten GEW vorbei. Die hatten natürlich wütende Kritik geübt und kräftig ausgeteilt. Und es war ein gefundenes Fressen für den GEW-Chef Thomas Lippmann und seine Mitstreiter, mich, ihr bildungspolitisches Feindbild, endlich einmal richtig bloßzustellen. Der GEW-Landesvorstand reagierte *„mit völligem Unverständnis und Bestürzung"*, hieß es in einer am 9. November verbreiteten Erklärung. Mannke und seine Stellvertreterin Iris Seltmann-Kuke hätten Migranten pauschal diffamiert und *„mit plumpen Unterstellungen ein Zerrbild der derzeit zu uns kommenden Menschen"* gezeichnet. Der Beitrag sei *„eine Schande für Lehrerinnen und Lehrer und zieht das Ansehen eines ganzen Berufsstandes in den Schmutz".*¹¹⁷ Die GEW-Funktionäre haben gar nicht begriffen, dass der Beitrag ein Diskussionsangebot an die Kolleginnen und Kollegen in den Schulen war und keine Propagandaschrift darstellt. Davon abgesehen, dass mit pauschaler Schelte ein vermeintlich generalisie-

---

[116] Aus dem Beitrag von Tobias Schmutzler in: Mephisto 97.6, Sendung 10.11.2015

[117] Stellungnahme der GEW: „Kein Platz für Diffamierungen und Hetze!", in: Erziehung und Wissenschaft, 12/15, S.6

rend urteilender Beitrag gewertet wird, zeigte sich in den Monaten danach, dass ein sehr hoher Prozentsatz der Lehrerschaft sich durchaus nicht beschmutzt fühlte. Dazu gab es auch wirklich keinen Grund.

Ein vorbildlicher Schulleiter mit beschränktem Horizont und schmutziger Fantasie – Pro und Contra im Gästebuch

Deutschlandweit überboten sich die Medien in Tiraden, Polemiken und Schmähungen über das EDITORIAL im unbedeutenden Philologenmagazin 3/2015. Bereits wenige Tage nach Beginn des Shitstorms wurde der Text von der Internetseite des Lehrerverbandes entfernt. Als dann das Forum im Goethegymnasium Weißenfels durch Zuschriften aus allen Bundesländern am Wochenende nach dem 6.11. 2015 geradezu überquoll und dabei auch boshafte Unterstellungen, heftige Drohungen und Beleidigungen ausgestoßen wurden, bekam ich es erstmals mit der Angst zu tun. Ich stellte mir nämlich lebhaft vor, wie am Montagmorgen sensationslüsterne Reporter von RTL und SAT 1 unser Gymnasium belagern und ahnungslosen Schülerinnen und Schülern auflauern, um sie zu überrumpeln und ihnen möglichst negative Kommentare gegen den fremdenfeindlichen Schulleiter zu entlocken, der es gewagt hatte, nicht in den Mainstream der Willkommenskultur einzustimmen. Lediglich in unserem Sekretariat und in der Merseburger Geschäftsstelle des Philologenverbandes terrorisierten hartnäckige Journalisten für zwei Tage die Sekretärinnen telefonisch. Zwar gingen Hunderte von Einträgen in kurzer Zeit in das Gästebuch ein, aber eine persönliche Präsenz durch Medienvertreter blieb glücklicherweise aus. Auch in diesem Portal konnte man den tiefen Riss nicht übersehen, der durch unsere Gesellschaft geht, seitdem die Bundesregierung für hunderttausende Asylsuchende die Tore nach Deutschland im Spätsommer 2015 sperrangelweit öffnen ließ.

Da in den Kapiteln dieses Buches bereits zahlreiche Zuschriften thematisch integriert wurden, soll an dieser Stelle ein repräsentativer Überblick genügen, um dem Leser einen Eindruck zu vermitteln, welche Aspekte des breiten Meinungsspektrums in der Debatte noch aufgegriffen wurden und wessen Geistes Kind manche Verfasser sind, die sich hier zu Wort melden. Während in den Leserzuschriften der Tageszeitungen oder in an mich persönlich verfassten Mails die Zustimmung zu dem EDITORIAL bei Weitem überwog, konnte man im Gästebuch feststellen, dass hier in etwa ein 30:70-Verhältnis zwischen Ablehnung und Zustimmung bestand, was mich doch einigermaßen überraschte. Als sei plötzlich ein Damm des Schweigens zur Flüchtlingskrise gebrochen, überfluteten die Einträge das Forum, die von höchster Anerkennung bis zu tiefer Abscheu reichten.
„Endlich spricht mal einer aus, was ein Dreiviertel der Deutschen denkt." (Thilo Mc A. aus Olpe) Ähnlich ermuntert mich auch P. K. aus dem *„United Kingdom"*: *„Endlich sagt einer die Wahrheit. Nicht einschüchtern lassen!"* Dr. rer. nat. P. K. gibt mir in meiner Einschätzung recht: *„Jeder, der anderer Meinung ist, darf sich gerne daran versuchen, ihn argumentativ zu widerlegen. Allerdings ist mir das bisher noch nicht untergekommen."* Diese Feststel-

lung kann ich nach den Hunderten Seiten Gästebucheinträgen, die ich las, bestätigen. Wenig Sachlichkeit, dafür bösartige Verleumdungen, extreme Beleidigungen, wüste Schimpfkanonaden, erwachsen aus schlecht verhohlener Wut, findet man bei Gegnern meiner Auffassungen zur Genüge – aber keine stichhaltigen Beweise gegen das von mir Dargestellte. Natürlich wurde wieder kräftig die Nazi-Keule geschwungen. Stephan W. fordert, dass ich schleunigst aus dem Schuldienst zu entfernen sei, weil doch *„auch ein gewisser Herr Goebbels ... einen Dr.-Titel (hatte); dies schützt offensichtlich nicht vor totaler geistiger Umnachtung."* Nun war der verbrecherische Chefdemagoge des 3. Reiches bestimmt nicht minderbemittelt, sonst hätte er kaum solche wirkungsvolle Propaganda betreiben und ein ganzes Volk einseifen können. Mich mit diesem Unmenschen auf eine Stufe zu stellen, ist zwar widerwärtig, aber leider kein Einzelfall. Alexander R. aus Köln(!) vermutet, dass Iris Seltmann-Kuke und ich *„in der Jugend eine antidemokratische Sozialisation in der DDR erfahren haben"* und wir genau deshalb gegen demokratische Grundwerte resistent seien. Deshalb könne R. unsere Gedanken nur *„in eine geschichtliche Analogie der geistigen Brandstifter des ‚3. Reiches' einordnen.* Da wird uns immer wieder „Volksverhetzung" und ein *„xenophobes Menschenbild"* vorgehalten; meine Äußerungen seien *„völlig aus der Luft gegriffen".* (Fritz L., ausgerechnet wieder aus Köln!) Mein Artikel erinnere an die *„altbekannte Losung: ‚Deutsche, kauft nicht beim Juden!'"* (Peter R. aus Berlin) und Annika stellt empört die Frage, wie ich dazu käme, „*solch einen Unfug zu schreiben, indem Sie Flüchtlinge als testosteronstrotzende Lustmolche darstellen.*" Diese pauschale Verunglimpfung steht nun mit keiner Silbe im Artikel und es drängt sich bei vielen Zuschriften die Frage auf, wer eigentlich Hetze und Demagogie betreibt. Der Lehrer Ralf M. – hoffentlich nicht für Geschichte – bezichtigt mich des *"blanken Populismus"* und glaubt, dass man es in meinem Beitrag *"mit einer Aufzählung der braunen Propagandaschlagwörter zu tun"* habe. Welche er damit meint, verrät er nicht. Dass seine Wahrnehmung etwas gestört ist, und nicht ich einem *"beschränkten Weltbild"* unterliege, beweist er in einem der folgenden Sätze: *"Es gibt fast genauso viele Frauen und viele Kinder, die flüchten und hier ankommen."* Da ließ er sich wohl durch die Bilder der Fernsehsender täuschen, die genau diesen Eindruck vermitteln wollten. Bernd A. unterstellt mir eine *"abwegige Gedankenwelt"* und glaubt scheinbar, dass nur bekennende Multi-Kulti-Anhänger ein Gymnasium leiten dürfen. Vielleicht kennt er das ja noch aus Zeiten, als ein EOS-Direktor nach Möglichkeit linientreues Mitglied der SED sein sollte. Dieser abstrusen Logik folgend, bedient auch er den unsinnigen Vergleich mit Nazipropaganda: *"Mich erinnern Ihre Einlassungen an Artikel des "Stürmers", in denen gegen "Rassenschande" gegeifert wird."* – Wie viele Artikel dieses Hetzblattes mag er wohl gelesen haben, um diese Parallele ziehen zu können? Kann er semantische Beweise für diese ungeheuerliche Behauptung erbringen? Schuldig bleibt er diese allemal.

Für einen völlig beschränkten Neonazi hält mich Michael R., der „*seltsame Nachrichten aus Ostdeutschland*" gewöhnt ist und besserwisserisch aus Norwegen schreibt: *"Die Form von Hetze und schlecht getarntem Rassismus, den Herr Mannke verbreitet, hat aber eine neue Qualität. Hier entlarvt sich der Biedermann und zeigt sein wahres, fremdenfeindliches Gesicht ... schlicht alle, die nicht zur deutschen Volksgemeinschaft zählen, wollen doch alle nur dasselbe – unsere Arbeitsplätze, unsere Renten und unsere Töchter (damit Herr Mannke das auch versteht, das hier nennt man Ironie)."* Ich empfinde es eher als Sarkasmus, aber ästhetische Kategorien sind in ihrer Bewertung durch den Einzelnen natürlich subjektiv geprägt. Nun gibt es viele Menschen, darunter auch genügend Lehrerinnen und Lehrer, die mein Anliegen unterstützen. So ermutigt mich Kathrin B. dazu, *"nicht vor den um sich beißenden 'politically correct' (but realistic more than wrong) agierenden Kritikern einzuknicken. Auch ich bin Lehrerin und halte Ihren Beitrag für enorm wichtig. Dies sehen auch viele Kollegen so. Daumen hoch!!"* CS sieht das völlig anders und erwartet, dass wir (wer auch immer das sein soll) *"Kinder nicht vor Flüchtlingen beschützen, wohl aber vor einem Schulleiter mit derart beschränktem Horizont, rassistischen Überzeugungen und schmutziger Fantasie."* Auf diese Hasstirade antwortet Gunther D. aus Berlin: *"Finden Sie Ihren Kommentar nicht ziemlich dreist? Sie können einem Menschen doch nicht einen 'beschränkten Horizont' unterstellen, nur, weil er auf reale gesellschaftliche Gefahren aufmerksam macht?!"* Heiko aus Leipzig stimmt dieser Position zu: *"Dr. Mannke tat nichts weiter als seine ehrliche Meinung zu einem gesellschaftlichen Reizthema zu sagen ... und wird von arroganten linken Weltverbesserern angeprangert wie bei einem stalinistischen Schauprozess".* Jens M. meint, dass es noch viel mehr Bürger braucht, *"die sich nicht den Mund verbieten lassen und keine Angst vor der öffentlichen Hinrichtung der Gutmeinenden haben. Denn diese werden sich nicht schützend vor unsere Kinder stellen, ... sondern haben hinterher wieder nur lauwarme Relativierungen auf der Zunge."* Unter dem Eindruck eines sexuellen Übergriffs auf eine 19-Jährige durch Flüchtlinge in Magdeburg schreibt FM: „*Kritische Worte, wie von Ihnen gewählt, können nicht mehr ausgesprochen werden, ohne dass deren Verfasser in eine rechte fremdenfeindliche Ecke gestellt werden, wo sie nicht hingehören.*"

Eine Reihe von Einträgen sprechen mir Mut zu, standhaft zu bleiben und zeigen Respekt davor, dass „*jemand, der sich trotz seiner Position traut, Dinge anzusprechen, die viele Menschen fürchten, laut zu sagen.*" Viele fragen sich ernsthaft, ob wir wirklich unsere Freiheit am Hindukusch verteidigen müssen und weshalb wir glauben, uns mit Erfolg in die Krisenregionen dieser Welt einschalten zu können: „*Denken denn unsere Linken und grünen Gutmenschen und Willkommenskulturleber nicht an unsere Zukunft? Weshalb übernehmen wir die Verantwortung für die Konflikte in Libyen, Syrien, Somalia, Irak, Afghanistan usw.? Hilfe gern, aber vor Ort und nicht unter*

Aufgabe unserer Kultur und Religion." (S. aus Petersberg) Überhaupt offenbaren viele Zuschriften einen enormen Frust auf die angesprochene Gruppe: *„Ich glaube auch, dass viele beleidigende Einträge von militanten Linken stammen, die untereinander gut vernetzt sind und besonders laut schreien. Mehr können sie ja auch nicht."* (Tobias T.) und Anne fragt: *„Warum geben Linke nicht offen zu: Wir wollen keine Demokratie. Wir Linken haben das Meinungsmonopol gepachtet und wir haben immer recht."* In die gleiche Richtung zielt der Eintrag von Martin aus Gotha: *„Man sehe sich nur an, mit welchem Hass hier argumentiert wird, mit welcher Hetze einer freien Meinungsäußerung begegnet wird. Jede Äußerung, die sich gegen die ‚verordnete' Meinung, repräsentiert durch vornehmlich Linke und Grüne, richtet, wird mittlerweile diffamiert. Armes Deutschland!"* Ein junger Mann, der 2002 am Goethegymnasium Weißenfels sein Abitur ablegte, ergänzt: *„Wenn Worte wie Immigranteninvasion oder Einwanderungsströme schon als rechte Hetze bezeichnet werden, dann läuft in diesem Land einiges schief."* Die Arroganz vieler Medienvertreter erinnert schon in fataler Weise an die "Öffentlichkeitsarbeit" der selbstherrlichen, stalinistischen SED, die letztendlich auch an ihrem weltfremden Starrsinn zerbrochen ist. Stefan E. aus Nordrhein-Westfalen ist davon überzeugt, dass die Probleme im Zusammenhang mit dem Flüchtlingsstrom von der Politik verschleiert und von den Multikultiromantikern ausgeblendet werden: *„Schaut euch doch um. Die Ghettos in den Großstädten Köln, Frank-*

furt, Duisburg etc. – *Ist das noch Heimat? Wo jede Sprache gesprochen wird, nur nicht Deutsch?"* Besonders misstrauisch beäugen die kritischen Beobachter der Diffamierungskampagne vom Herbst 2015 das Agieren der Medien mit ihrem *„undifferenzierten Staatsjubel"* (Petra und Bernd R.). Aus der Hansestadt Hamburg schreibt Herr H.: *„Auch, wenn die gesammelte (grün/rote) Presse aufschreit (leider auch Zeitungen wie die Welt, die früher nie in Verdacht kamen, linke Hetzparolen aufzugreifen) bin ich froh, dass es aufrechte Menschen gibt, die sich dem Trend der ‚Toleranz bis zum Erbrechen' entgegenstellen."* Dr. Julia K. de Carapeto stammt aus Sachsen-Anhalt und lebt auf der iberischen Halbinsel, misstraut selbst aus der Ferne unseren Medien: *"Man würde sich mehr Menschen mit Zivilcourage wünschen, welche die jungen heranwachsenden Mädchen/Frauen vor MÖGLICHEN Gefahren warnen. Ein Aufschrei in ganz Deutschland ist mir von keiner Seite bekannt geworden. Presse??? Laut Koran, die Basis der Ideologie des religiösen Islam, hat eine Frau geringe, minderwertige bzw. gar keine Bedeutung im täglichen Leben. Diese Kenntnisse werden sicherlich allen Mitgliedern der Lehrerschaft, nicht nur in Sachsen-Anhalt, bekannt sein. Somit kann der vorausschauende Hinweis einer Vorsichtsmaßnahme für junge Frauen und auch ältere Damen nicht hoch genug gelobt werden. Das hat weder mit Hetze, noch mit Rassismus und auch nichts mit Fremdenfeindlichkeit zu tun. Denken Sie an Ihre eigenen Kinder!"* Sie fordert noch, dass Kultusminister Dorgerloh (SPD) und die Landespolitikerinnen Dalbert (Grüne) und Bull (Linke) *"wegen fehlender Zivilcourage und vorauseilendem Gehorsam freiwillig zurücktreten"* mögen. Zumindest hat es für die SPD und diese Politikerinnen eine herbe Wahlniederlage im März 2016 gesetzt. Kein Wunder, wenn man sich seine Welt nach eigenem Wunschdenken zusammenfantasiert und allen Ernstes glaubt, dass solcherlei propagiertes Trugbild die Mehrheit der mündigen Staatsbürger überzeugt. *"Es geht um die längst entstandenen Parallelgesellschaften, die sie gar nicht zu Gesicht bekommen, die aber statistisch sehr erfassbar sind und mit denen aufgrund der deutschen Schulpflicht gerade Lehrer voll konfrontiert werden. Ihre Dienstherren(sic!) lassen sie dabei i. d. R. im Regen stehen, bzw. fallen ihnen zusätzlich noch in den Rücken. Der Islam und sein sozialkulturelles Beiwerk ist die exakte Antithese zum westlichen Individualismus und der Moderne und das gilt es stets und ständig zu bedenken"*, schreibt Davids am 09.11.2015 an mich. Man sollte gelegentlich doch einmal „dem Volke aufs Maul schauen". Das empfiehlt bekanntlich kein Geringerer als unser großer Reformator Martin Luther.

Eine Gefahr für unsere Kinder und unser Land?

Dr. Jörg D., ein ehemaliger, mir sehr gut bekannter Schulleiterkollege, bekommt selbst im fernen Teneriffa vom Medienrummel um meine Person Kenntnis und zeigt sich, mit Blick auf die Jubelpresse, besorgt: *"Sachliche und bedenkenswerte Argumente, die auf Erfahrung beruhen, werden von arroganten Ignoranten, die sich kaum oder gar nicht in der Geschichte der Völkerwanderungen auskennen, niedergemacht und verhöhnt. Absurd! Jeder NORMALE Mensch begreift außerdem, dass Lehr- und Lernprozesse nur dann erfolgreich verlaufen, wenn ein günstiges Verhältnis zwischen der Anzahl der Beteiligten herrscht ... Bei der gegenwärtigen Masse an Asylanten ist eine erfolgreiche Integration unter diesem Aspekt nicht möglich. Die von den Medien präsentierten Beispiele sind und bleiben Ausnahmen.* "Wenn es so etwas gäbe, so Helmut F. aus Trostberg, müsste man Dr. Jürgen Mannke ein *"Pädagogen-Verdienstkreuz übertragen"*, weil er ausspricht, was alle *"Gutmenschen nicht sehen wollen."* Sehr viele Einträge im Gästebuch bescheinigen mir den Mut zur Wahrheit und Dandy L. findet, dass unser Goethegymnasium *"zu beneiden"* sei, *"einen solchen Schulleiter zu haben. Meine Hochachtung. Das Recht auf freie Meinungsäußerung ist ein hohes Gut."* Christian St. erwartet von einer Schule *"Offenheit, Ehrlichkeit und die Erziehung zur demokratischen Meinungsfreiheit."* Er beklagt zudem, dass *"die reine Wahrheit sofort als Ausländerhetze verurteilt wird"* und vermutet, dass *"90 % der*

Väter von Töchtern genau das Gleiche sagen, was Sie öffentlich getan haben. Aber leider traut sich nur noch eine Minderheit, offen die Probleme unserer Gesellschaft anzusprechen." Ähnlich formuliert es Günter Z. aus dem Schwabenland am 6.12.2015: *"Gestern noch konnte ich auf der Homepage Ihres Gymnasiums die Sie unterstützenden Erklärungen der Schüler und Eltern lesen, heute sind sie bereits verschwunden. Ja, so ist das in unserer lieben Demokratie: Wer sich unangemessen (d. h. politisch inkorrekt) benimmt, wird angemessen und unverzüglich bestraft. Wir leben in einem Land, in dem es aus ideologischen Gründen verboten ist, die Realität darzustellen und die mit der Migranteninvasion verbundenen Risiken und Schäden für die Deutschen zu artikulieren."* Das sind schwere Vorwürfe, man kann trefflich darüber diskutieren, bedenklich erscheint mir dabei, dass diese Ansichten keinen Einzelfall darstellen – und schon allein deshalb ernst zu nehmen sind. Es ist nun müßig, Hunderte weitere Schreiben zu zitieren, deren Verfasser mich unterstützten und große Besorgnis über den Verfall unserer Streitkultur, die ein wichtiger Bestandteil unserer Demokratie ist, äußerten. Während die Befürworter fast immer sachlich argumentierten, kann man das bei der wütenden Gegnerschaft kaum registrieren.

Der Münchner Alexander M. gefällt sich in der Attitüde eines arroganten Dienstherrn, indem er mich *"zum sofortigen Rücktritt von der Schulleitung"* auffordert und erwartet, dass ich meine *"fremdenfeindlichen, rechtsradikalen und in Teilen (sic)rassistischen Äußerungen öffentlich"* widerrufe. Er verlangt, in Anlehnung an die Praxis von politischen Berufsverboten in Diktaturen, dass ich keinen Geschichtsunterricht mehr geben solle, da ich mich durch den Artikel *"komplett diskreditiert"* habe. Und er belehrt mich, dessen Stunden fast alle Schülerinnen und Schüler seit 1980 gern in Anspruch genommen haben, dass *"Differenzierung ... für den Geschichtsunterricht absolut notwendig"* sei. Das sagt genau der Richtige. Diese von ihm eingeforderte differenzierte Betrachtungsweise scheint nämlich nicht gerade seine Stärke zu sein, aber gern lade ich ihn in meinen Geschichtsunterricht ein, da hätte er Gelegenheit, es zu lernen. Auch Achim O. aus Soest ist mir herzlich willkommen, damit er sich in unserem Gymnasium davon überzeugen kann, dass wir alle Lernenden gleichbehandeln. Er erhielte damit auf seine provozierenden Fragen: *"Wie müssen sich junge Flüchtlinge und Einwanderer fühlen, wenn Sie (sic) an Ihrer Schule aufgenommen werden? Oder achten Sie dabei auf rassische Reinheit ihrer Schülerschaft?"*, die passenden Antworten demokratisch Gesinnter.

Wenn man einen Menschen gar nicht kennt, dann sollte man mit vorschneller Verurteilung besonders vorsichtig sein. Generationen von Schülerinnen und Schülern, die ich seit nunmehr fast 40 Jahren unterrichtet habe, bin ich noch immer in guter Erinnerung. Es macht mich sehr stolz, dass mich die meisten von ihnen für einen sehr guten Lehrer halten und mir dies bei vielen Gelegenheiten bescheinigen. Als der Shitstorm hereinbrach, erreichten mich zahlreiche, sehr persönliche Zuschriften und

Anrufe, in denen dieses für einen Pädagogen so schöne Lob erneut bestätigt wurde. So klafft denn die Schere zwischen Leuten, die mich gar nicht kennen, aber verurteilen und denen, die einhellig Partei für mich ergreifen, weil sie meine tägliche Arbeit wertschätzen, manchmal weit auseinander.

In einer besonderen Dienstberatung am 9. November 2015 gab ich meinen Kolleginnen und Kollegen die Möglichkeit, unter dem Eindruck der aktuellen Ereignisse Stellung zu beziehen. Davon abgesehen, dass ich diesen Artikel als Vorsitzender des Philologenverbandes zu verantworten hatte und es nicht zu meinen Pflichten als Schulleiter gehörte, mich dafür in dieser Funktion zu rechtfertigen, wollte ich zeigen, dass mir die Meinungen in unserem Lehrerkollegium sehr wichtig sind. Es wurde eine Stunde lang kontrovers diskutiert, ich erhielt viel Zuspruch, musste aber auch deutliche Kritik zur Kenntnis nehmen. Nachdem sich aber in den Folgemonaten meine Befürchtungen bestätigt hatten, schweigen diejenigen etwas betroffen, welche mir seinerzeit vorwarfen, ich würde das Ansehen unserer Schule mit meinen rechtskonservativen Äußerungen (die sich nicht belegen lassen) irreparabel beschädigt haben.

Im Gästebuch tobte indes die kontroverse Debatte unvermindert weiter. Ein Hauptangriff erfolgte, wie bereits erwähnt, auf mich als Schulleiter. *"Schmeißt diesen Mann(k) raus. Dieser von perfiden Vorurteilen und Vorstellungen zerfressene, alte 'Philologe' darf keine Kinder mehr unterrichten!!"*, empört sich in der Sprache des ungehobelten Stammtischniveaus H. Z. aus Büren. Noch tiefer unter die Gürtellinie geht Mari aus Hamburg: *"Ihnen sollte man die Fortpflanzung verbieten. Egal mit wem. Sie sind eine Schande und ich schäme mich für mein Vaterland."* Wer solchen Irrsinn schreibt, dem kann man getrost nachsehen, dass er nicht einmal merkt, sich mit dieser Anmaßung gefährlich in die Nähe des Gedankengutes zu begeben, mit der Hitler und seine Paladine die verbrecherische nationalsozialistische Euthanasie rechtfertigten. Von einem Arzt, der seit 41 Jahren praktiziert und in Sichtweite des Hambacher Schlosses wohnt, erwarte ich eigentlich, dass er sich nicht auf das Wagnis einer Ferndiagnose einlässt. Dr. Herbert K. tut es trotzdem, zeigt sich besorgt wegen meines Geisteszustandes und ist zur Überzeugung gelangt, *„dass es im Interesse Ihrer Anstalt* (er meint wahrscheinlich das Goethegymnasium – d. V.) *sinnvoll sein könnte, Herrn Mannke zu empfehlen, zeitnah eine psychiatrische Therapieeinrichtung aufzusuchen."* Ich kann den Herrn beruhigen, dass ich geistig vollkommen gesund bin, rate ihm indes zu gewissenhafter Lektüre der kritischen Berichte über die Flüchtlingsproblematik. Andere seiner Altachtundsechziger-Generation haben es doch auch geschafft, nach vielen Verirrungen in der Realität anzukommen. Eva L. ist selbst Schulleiterin in NRW und *"absolut entsetzt darüber, was für ein Menschenbild Herr Mannke in der Öffentlichkeit zeigt. Ich hoffe sehr, dass diese unwürdig, peinliche und unmenschliche Hetze nicht ohne Folgen für ihn bleibt."* Diese Drohung hätte, in fast identischem Stil, von einem

Propagandasekretär einer x-beliebigen SED-Kreisleitung kommen können und ich wäre vor 30 Jahren wahrscheinlich im „Gelben Elend" von Bautzen gelandet. In ähnlicher Weise fordern einige Gästebuchnutzer meinen Rücktritt als Schulleiter, weil sie meinen, dass ich "*eine Gefahr für unsere Kinder und für unser Land*" darstelle (Petra V.) und Doris St. aus Langenfeld ist heilfroh darüber, dass ihre "'*schützenswerte*' *Tochter*" nicht unser Gymnasium besucht. Viele sehen das allerdings anders, so auch J. B. aus Baden-Württemberg, der im Telegrammstil mitteilt: "*Vorbildliche Schule, in solch eine würde ich meine Tochter einschulen. Top-Aufklärung, mit Respekt zu behandelnder Direktor!*" Stefan zollt mir eben diesen und fordert mich auf, "*weiterhin Rückgrat*" zu zeigen und unsere Schüler/innen "*durch Aufklärung und Information*" zu schützen. Mark R. indes denkt nicht nur an sich, sondern vielmehr solidarisch an den schlimmen Ruf, der das Goethegymnasium fürderhin stigmatisieren wird und appelliert, wahrscheinlich an alle Weißenfelser: "*Ich bitte Sie dringend, weiteren Schaden von Ihrer Schule abzuwenden und Herrn Dr. Mannke zum Rücktritt aufzufordern. Der bereits entstandene Schaden für Ihre Schule ist unermesslich.*" Ähnlich besorgt und vorausschauend äußert sich Detlef D. aus Berlin: "*Ich hoffe sehr, Anfang kommender Woche von einem Aufstand Ihres Lehrerkollegiums gegen Sie und vor allem von deutlichem Protest Ihrer Schülerschaft gegen ihre haltlosen rassistischen Ausfälle zu hören.*" Es wird D. unendlich traurig gemacht und schwer enttäuscht haben, dass

genau das Gegenteil eingetreten ist.
In einer Versammlung vor allen Schülervertretern am 13. November 2015 erläuterte ich das Geschehen. Statt helle Empörung damit auszulösen, trat der Schülerrat, initiiert von Christoph Wahren aus der Klassenstufe 12 als Verfasser und Greta Walther als Schülersprecherin, zusammen und veröffentlichten am 16. November folgende Stellungnahme, die von ausnahmslos allen Klassensprechern des Goethegymnasiums unterschrieben wurde: "

... Die unglaubliche Macht der Medien, die in den letzten Tagen unserem geschätzten Direktor entgegenschlugen, haben mich und viele meiner Mitschüler, aber auch zahlreiche weitere Menschen, die mit unserer Schule in Verbindung stehen, sehr erschüttert. Die Problematik um unseren Schulleiter wurde für die gesamte Woche zum Gesprächsthema unter uns Schülern. Das liegt zweifelsohne daran, dass Herr Mannke für den Großteil der Schüler, welchen schon das Vergnügen zuteil wurde, seinen Unterricht genießen zu dürfen und die ihn persönlich kennengelernt haben, ein Vorbild ist. Sicher weisen einige Passagen dieses Artikels, um den sich die gesamte Dramatik dreht, zu viel Platz für Interpretationen auf, welche aus Unwissenheit um die Person unseres Schulleiters letztendlich zu einem so verunglimpften Bild führen konnten. Herr Mannke nämlich ist ein Lehrer, welcher seine Schüler dazu anhält, stets eine dialektische und demokratische Sicht auf die Dinge zu haben. Dabei investiert er für den offenen Austausch mit seinen Schülern bereitwillig Zeit, um Meinungsvielfalt zu allen wichtigen

Themen, welche uns beschäftigen und belasten, zu ermöglichen. Dabei hat er uns jederzeit schlüssig an seiner Sicht auf die Dinge teilhaben lassen. Deshalb finden wir es vollkommen verständlich, dass Herr Mannke sich keineswegs in seinem Recht auf freie Meinungsäußerung beschneiden lässt, wie es in diesem Fall durch den Druck der Medien versucht wurde. Wir sind stolz darauf, einen solchen Schulleiter zu haben, welcher Rückgrat beweist. Er ist mit Abstand einer der intellektuellsten und gebildetsten Menschen, die wir in unserem jungen Leben kennenlernen durften. Er besitzt zudem noch eine so große Erfahrung, Menschenkenntnis und Einfühlungsvermögen, dass man ihn stets um konstruktiven Rat in allen Bereichen ersuchen kann. Wir erwarten, dass wir Herrn Mannke weiterhin als Leiter unserer Schule haben werden. Wir kommen zu dem Schluss, dass die Hetzjagd gegen Herrn Dr. Mannke weder gerechtfertigt, noch für uns nachvollziehbar ist. Er kann sich unserer Unterstützung gewiss sein und genießt unser vollstes Vertrauen."
Ein so beschriebener Pädagoge kann wohl kein engstirniger, verantwortungsloser oder gar von der Nazi-Ideologie infizierter Lehrer sein, wenn ihm solche außergewöhnliche Anerkennung von über 700 Schülerinnen und Schülern gezollt wird. Dieses große Lob für meine Arbeit als Schulleiter hat mich ungemein stolz gemacht. Auch die Elternvertreter aller 32 Klassen, mit denen ich bereits in einer außerordentlichen Beratung am Nachmittag des 10. November 2015 die Lage diskutierte, stellten sich ohne Ausnahme hinter mich. Das war Balsam auf

meine Seele. Sehr berührt haben mich zwei Gespräche mit Müttern ausländischer Schüler, die genau diese Probleme angesichts der Migrationswelle sehen, die ich im Artikel angesprochen hatte. *"Unsere Kinder fühlen sich sehr wohl in der Schule, sie werden respektiert und erleben die große Toleranz und Hilfsbereitschaft nahezu täglich."* Eine von ihnen macht in einem Schreiben an unseren Elternratsvorsitzenden, den Apotheker Curt Wenzel, der sich selbst schriftlich hinter mich stellte und *„diese Form von medialer Hetze ... einfach unfair und verletzend"* empfindet, ihrem Ärger Luft, fragt, wo unsere Meinungsfreiheit geblieben sei und ergänzt: *"Ich selber habe einen Migrationshintergrund und bin trotzdem mit Dr. Mannke einer Meinung. Mein Vater ist Moslem und lebt in einem Land, wo eine Frau nur eingeschränkte Rechte hat. Ich selber weiß, wie eng Traditionen und Religion miteinander verbunden sind. Auch die Wertvorstellungen sind mit unseren nur schwer vergleichbar. Ein junger Mensch, welcher christlich oder konfessionslos aufgewachsen ist, für den sind diese Traditionen nur schwer zu verstehen. Um nur ein Beispiel zu nennen: Junge Mädchen und Sex vor der Ehe, das ist ein NO-GO."* Und genau darüber müssen wir unsere Schülerinnen und Schüler aufklären, das ist unsere Pflicht, nicht nur als Erziehungsberechtigte, sondern auch als Pädagogen. Das hat nichts damit zu tun, dass wir Lehrer uns in die Privatangelegenheiten unserer Schüler einmischen oder sie gar reglementieren wollen. Die gesamte Elternschaft unter Leitung des Vorsitzenden und des HNO-Arztes, Dr. Kai

Andrä (der viele Jahre vor ihm diese Funktion gewissenhaft ausübte), ging mit einer Erklärung an die Presse, in der es heißt:
"Wir empfinden große Wertschätzung für seine Arbeit am Gymnasium, welches er in den vergangenen Jahren auf einen Spitzenplatz in Sachsen-Anhalt geführt hat.
Dr. Jürgen Mannke haben wir als integren und in keiner Weise fremdenfeindlichen Menschen kennengelernt. Er setzt täglich seine ganze Kraft für die Schüler, unabhängig ihrer Herkunft, ein. Wir Eltern der Kinder des Goethegymnasiums können nicht verstehen, dass sein als Denkanstoß gedachter Leitartikel in der internen Zeitschrift des Philologenverbandes Sachsen-Anhalt zu solch einem Aufschrei geführt hat. Die durch ihn zum Ausdruck gebrachten Sorgen halten wir durchaus für diskussionswürdig.
Wir treten für eine demokratische Diskussionskultur ein und wenden uns gegen jegliche Form von medialer Hetze. Wir vermissen in der Kommentierung der Mitteldeutschen Zeitung vom 07./08. November die weiteren Aussagen von Dr. Mannke, in welchen er sich für unsere humane Pflicht, Menschen, die in existenzielle Not durch Krieg und politische Verfolgung geraten sind, zu helfen und sich auch für Einwanderung ausgesprochen hat. Wir wünschen uns einen besonnenen und fairen Umgang der Presse mit der Person unseres Schulleiters, um weitere Störungen im Schulalltag unserer Kinder zu vermeiden und damit sein weiteres positives Wirken für Weißenfels und unser Gymnasium zu ermöglichen. Dabei sichern wir

Eltern ihm unsere vollständige Unterstützung zu."
Der Anwalt und Elternvertreter einer 8. Klasse, Matthias Hoffmann, glaubt sich im falschen Film: „*Es ist unfassbar, welchen Grad die ‚Entdemokratisierung' Deutschlands und die Polemisierung kritischer Meinungen erreicht haben. Das erinnert mich stark an die Verhältnisse in der DDR. Auch scheint mir derzeit keine neutrale Berichterstattung durch die Medien zu erfolgen. Auch das kennen wir bereits aus der DDR.*" Nicht nur die Eltern, Schülerinnen und Schüler zeigten in jenen Tagen, was sie von dem Spektakel hielten, sondern auch zahlreiche Weißenfelser Bürger bekundeten ihre Unterstützung in Telefonaten, persönlichen Gesprächen und Zuschriften. Insofern stand der Protestbrief des SPD-Ortsvereins, unterzeichnet von dessen Vorsitzenden, Martin Geppert (der übrigens nie mit mir persönlich das Gespräch gesucht hat), ziemlich allein auf weiter Flur. Es habe die Sozialdemokraten schon sehr verwundert, dass meine Wortwahl und die Kernaussagen" *jedem Muslim tendenziell sexuelle Handlungen mit Minderjährigen unterstellen … Die Tendenz des Artikels ist jedoch weit mehr als ein ‚Debattenanstoß'. Es ist ein ins Mark gehendes, zerschmetterndes Spiel mit den Ängsten derer, die als Eltern immer mehr von zweifelhaften Statistiken, Fehlinformationen und Brunnenvergiftern verunsichert werden.*" Mit anklagendem Pathos, aber fern jeder realistischen Wahrnehmung der aktuellen Lage im Herbst 2015, werden hier die Tatsachen verdreht, denn weder habe ich jedem Flüchtling Pädophilie unterstellt, noch treibe ich

ein Spiel mit den Sorgen unserer Bürger. Die haben das auch keineswegs so empfunden. Harry Lienau (Weißenfels) und Eva Feußner (Burgenlandkreis), beides Landtagsabgeordnete der CDU, haben sich schriftlich an die Elternvertretung unseres Gymnasiums gewandt und ihre Bereitschaft erklärt „sich *für Herrn Dr. Jürgen Mannke auch in der Öffentlichkeit zu positionieren.*" Was sie dann auch getan haben. Sibylle und Frank Wiegand, beides anerkannte Mediziner in Weißenfels und seit vielen Jahren unserer Schule eng verbunden (vor allem durch ihre beiden Töchter, die an unserer Einrichtung ein ausgezeichnetes Abitur ablegten), versichern mir am 8.11.15, dass ich mit meiner Meinung garantiert nicht allein stünde, sondern in *„unserem weiten Freundes- und Bekanntenkreis ... Ihre Ansichten grundsätzlich geteilt"* werden: *„Da die Politik in Fragen der Flüchtlingspolitik bis zum heutigen Tage völlig plan- und koordinierungslos ist, wird versucht, Sie als integre Person infrage zu stellen – erst ignorieren und dann diffamieren. Wir kennen Sie als sehr seriöse, strukturierte und zielorientierte Persönlichkeit. Deshalb sind wir fest davon überzeugt, dass Sie Ihre Aussagen auch mit den entsprechenden Fakten belegen können."* Dies habe ich in dieser Publikation zur Genüge getan. Die Sorgen vor einer Islamisierung, welche viele Menschen in unserer modernen, pluralistischen Gesellschaft angesichts der großen Zahl von muslimischen Flüchtlingen umtreibt, sind durchaus berechtigt. In diesem Zusammenhang formulieren Sibylle und Frank Wiegand: *„Wir sind sehr stolz auf die Werte des aufgeklärten*

Europa: Die Unantastbarkeit der Würde des Menschen, die Gleichstellung von Mann und Frau, Meinungs- und Religionsfreiheit, die Trennung von Kirche und Staat und vieles mehr. Wir sind bereit dazu, gemeinsam mit Ihnen für diese Errungenschaften zu kämpfen, für unsere Zukunft und die unserer Kinder! Wir hoffen und wünschen, dass das gesamte Lehrerkollegium geschlossen hinter Ihnen steht. Lassen Sie sich nicht mundtot machen. Probleme kann man nicht lösen, indem man sie totschweigt oder verharmlost, sondern indem man sie entschlossen und zielgerichtet angeht."
Jeder realistisch denkende Mensch weiß, dass Deutschland dringend einer kontrollierten Einwanderung bedarf. Dabei muss den Menschen aus jenem Kulturkreis, die sich einer verkrusteten, seit dem 7. Jahrhundert nicht reformierten, aber ideologisch viel zu oft missbrauchten Religion verpflichtet und verbunden fühlen, die Möglichkeit zu einer echten Integration gegeben werden. Das kostet viel Geld, dauert Jahre und es werden dafür tatkräftige Menschen benötigt, die sich nicht in oberflächlichem solidarischen Geschwätz verlieren, sondern den Weg ebenen helfen, Parallelgesellschaften in Deutschland den Nährboden zu entziehen. Jens Fischer (Goldschmiedemeister), Andreas Stickel (Firma Somatech) und Wolfgang Lehmann (Firma Messer-Lehmann) aus Weißenfels bedanken sich bei mir für die Fürsorge, die ich den mir anvertrauten jungen Menschen angedeihen lasse und äußern scharfe Kritik an dem Umgang mit meiner Person: *„Jeder, der Sie kennt, der Ihre Arbeit der letz-*

ten Jahre am Gymnasium verfolgt hat, weiß um Ihr positives Wirken innerhalb und außerhalb der Schule ... Heute werden Andersdenkende in aller Öffentlichkeit und mit allen zur Verfügung stehenden sozialen Medien diffamiert und über Ihnen wird die Keule der Fremdenfeindlichkeit, des Populismus oder des Extremismus geschwungen." Selbst der sicher nicht konservative Verein „Engagiertes Weißenfels" gräbt kein Kriegsbeil aus. Zwar zeigen sich die Unterzeichner, der evangelische Pfarrer Martin Schmelzer und die Gleichstellungs- und Integrationsbeauftragte Katja Henze, von meiner Wortwahl und dem Ton befremdet, aber, sichtlich beeindruckt von der Solidarisierung unserer gesamten Eltern- und Schülerschaft, boten sie an, in einem Gespräch *„die Möglichkeit auszuloten, die es im Blick auf das Wahrnehmen von Ängsten und Befürchtungen aber auch im Blick auf die Hilfe für Flüchtlinge gibt."* Dieses Gespräch verlief dann in einer sachlichen Atmosphäre und wir vereinbarten eine Veranstaltung, in der unsere Schülerinnen und Schüler in feierlichem Rahmen Weihnachtsgeschenke übergaben; nicht nur an hilfsbedürftige Weißenfelser, sondern auch an viele Flüchtlingskinder. Es wurde eine gelungene Feier.

Was nun, Herr Minister?

Ach, wie schade: Viel zu wenige Menschen in der Bundesrepublik haben sich empört über den Artikel, viel zu viele boten mir Unterstützung an, lobten meinen Begleitkommentar zur Flüchtlingskrise und kritisierten den Umgang der Presse mit unserer Meinungsfreiheit. Dann noch diese Eltern und Schülerinnen und Schüler des anerkannten Goethegymnasiums in Weißenfels, die sich ohne Ausnahme hinter mich stellten! Die von den Redakteuren in der "Mitteldeutschen Zeitung", Markus Decker und Walter Zöller herbeigesehnte, als Schlagzeile bereits offerierte *"Breite Kritik an Artikel zu Flüchtlingen"* blieb aus. Das war wohl nicht nur für den sozialdemokratischen Pfarrer und Kultusminister eine herbe Enttäuschung. Was also war zu tun, wenn Innenminister Stahlknecht sich zurückhält und selbst der Ministerpräsident Reiner Haseloff (CDU) diplomatisch, also vorsichtig distanziert, gegenüber der "Magdeburger Volksstimme" reagierte: *"Wir sind alle gut beraten, in dieser Zeit und zu diesem Thema keine Klischees und Vorurteile zu bedienen, sondern stattdessen mit Umsicht und Engagement unsere Aufgaben zu erfüllen, damit Integration gelingen kann."*[118]

Nun also bestellt Dorgerloh Mannke und Seltmann-Kuke zum Gespräch ins Ministerium ein und droht gleichzeitig

---

[118] Zitiert nach: Markus Decker/Walter Zöller: „Diese Äußerungen sind pures Gift", in: Mitteldeutsche Zeitung, 8.11.2015

eben in dieser Tageszeitung: „Wir werden dabei klarmachen, dass eine solche Haltung an unseren Schulen nichts zu suchen hat. Vom Verlauf des Gesprächs werden wir abhängig machen, ob weitere Schritte nötig sind."[119] Viele verfolgen diese irgendwie plötzlich aus der historischen Versenkung wieder aufgetauchte Praxis in Diktaturen mit Entsetzen: "Berufsverbot. Na klar? Pranger? Na klar. Herr Mannke: Aber sie dreht sich doch. Bleiben Sie stark", kommentiert Gerda am 9. November trotzig. Auch ein Mathematik- und Biologielehrer aus Kehl, Ulrich G., fühlt sich an finstere Zeiten erinnert: "Wenn ein Lehrer und noch dazu in seiner Funktion als gewerkschaftlicher Vertreter, Probleme anspricht, die der Dienstherr nicht so sieht, dann mag der erklären, dass er eine andere Sichtweise habe und dass er Lösungen bereithielte, falls dies erforderlich sein sollte. Das wäre das normale und legitime Kräftespiel. Dass der Betreffende jedoch bedrängt wird, sich zu entschuldigen und Fortbildungsangebote anzunehmen, hat mich fatal an 'Selbstkritik' und jene 'Schulungszentren' erinnert, in denen jemand auf offizielle politische Linie gebracht werden soll. Derartiges kenne ich nur aus anderen Gesellschaftssystemen und das hat in unserer nun seit über 25 Jahren gemeinsamen freiheitlichen Grundordnung nichts zu suchen. Meine ersten Schuljahre noch im Stalinismus der DDR haben mich hier äußerst hellhörig gemacht." Nun mag die Hausspitze des Kultusministeriums keine Zeit

---

[119] Hagen Eichler, Michal Bock: „Zum Rapport ins Ministerium", in: Magdeburger Volksstimme, 09.11.2015

erübrigt haben, über solche naheliegenden Parallelen nachzudenken und besonnener zu handeln. Stephan Dorgerloh zeigt sich natürlich "*empört und schockiert*" weil er doch die Lehrer "*ganz anders wahrnehme. Viele engagieren sich für die Begrüßungskultur an den Schulen.*"[120] Der Herr Minister nimmt viele Dinge anders wahr als die Lehrerschaft im Lande. Aber der Wittenberger Theologe irrt auch in einem anderen Punkt, das EDITORIAL betreffend. Die "Berliner Zeitung" zitiert ihn am 7. November: "*Dorgerloh monierte, einige Äußerungen gingen über die Grenzen des guten Geschmacks hinaus und hielten einem Faktencheck nicht stand. 'Wir werden mit Herrn Mannke das Gespräch suchen und ihn darauf aufmerksam machen, dass ihm als Schulleiter nicht nur eine besondere Verantwortung zukommt, sondern er sich offensichtlich auch tiefgehender und vorurteilsfrei mit dem Islam und den Muslimen im Land auseinandersetzen sollte.*"[121] Nur allzu gern bin ich seinem klugen Rat gefolgt und das Ergebnis liegt in diesem Buch vor. Von den Vorwürfen des Ministers, wir würden "*Gerüchte verstärken, Halbwahrheiten verbreiten und unsere Werte als Keule benutzen, wie es der Vorsitzende des Philologenverbandes tut*",[122] bleibt angesichts der in der Öffentlichkeit bekannt gewordenen Folgen unkontrollierter Einwanderung nicht viel übrig. Aber es gab wütende

---

[120] Gert Glowinski, Kai Gauselmann: „Lehrerverband warnt vor Sex mit Asylbewerbern", zitiert nach: Berliner Zeitung, 07.11.2015
[121] ebenda
[122] ebenda

Angriffe auf ihn wegen seiner Äußerungen gegen mich, die sogar in "*konkrete(n) Todesdrohungen*" ausuferten, wie die "Mitteldeutsche Zeitung" am 13. November 2015 zu berichteten weiß.[123] Solche Art der "Auseinandersetzung" verurteile ich scharf.

Nun hatte Herr Dorgerloh aber keine Zeit, wichtigere Termine oder vielleicht auch nur wenig Neigung, mit mir selbst darüber ins Gespräch zu kommen, das überließ er seinem Staatssekretär Dr. Jan Hofmann, der Iris Seltmann-Kuke und mich einlud. Ihm war schon klar, dass er uns nicht wegen dieses keineswegs verfassungsfeindlichen Artikels disziplinarisch zur Verantwortung ziehen konnte. Wir hatten diesen Beitrag als Gewerkschafter geschrieben und nicht als angestellte Landesbedienstete. Man vereinbarte immerhin eine gemeinsame Presseerklärung, in der Seltmann-Kuke und ich uns klar von der Vereinnahmung durch Leute mit ausländerfeindlicher Haltung und antidemokratischer Gesinnung, aber niemals vom Inhalt des Textes, distanzierten. Unter der Überschrift "*Wir stehen für einen weltoffenen Sachsen-Anhalt*" bekennen wir uns klar zu "*einer **gesellschaftlichen Integration** von Flüchtlingen, unabhängig von ihrer Nationalität und ihren religiösen Anschauungen*". Das heißt im Klartext, dass wir unkontrollierte Einwanderungen und eine vorbehaltlose Willkommenskultur nicht gutheißen. Nun erschien aber in der "Magdeburger Volksstimme" indes noch eine andere Presseerklärung, von

---

[123] Gert Glowinski: „Minister Dorgerloh wird bedroht", in: Mitteldeutsche Zeitung, 13.11.2015

der wir keine Kenntnis hatten. Wir fühlten uns irgendwie hintergangen, weil solch ein Text nicht aus unserem Gespräch mit dem Staatssekretär resultieren konnte. Die "Mitteldeutsche Zeitung" jubelte: Wir hätten "*Scham und Bedauern*" gezeigt, freut sich Redakteur Alexander Schierholz am 11. November. Liest man den Artikel gewissenhaft, dann stutzt man bei folgendem Satz. "*Der Verzicht auf Konsequenzen begründet Hofmann damit, dass Mannke sich im Gespräch mit ihm 'eindeutig distanziert' habe, wovon genau, bleibt aber unklar.*"[124] Eine rigorose Verurteilung unseres eigenen Artikels war von uns nicht zu erwarten. Dass ich mich nur für einige missverständliche Formulierungen entschuldigt habe, war vielen sicher zu wenig an Sühne. Schierholz offeriert immerhin in einigen Passagen des Beitrages eine Lesart, die für einen seriösen Journalisten selbstverständlich sein sollte: "*Allerdings werden Mannke und Seltmann-Kuke laut Ministerium nun Weiterbildungskurse zur interkulturellen Bildung belegen, 'zur persönlichen Professionalisierung', wie es hieß. Ob die beiden Pädagogen das von sich aus anboten oder das Ministerium ihnen nahelegte ließ (Ministeriumssprecher – d. V.) Hanusch offen.*"[125] Der Staatssekretär lässt allerdings in seiner Verlautbarung, wie sie die Volksstimme zitiert, daran keinen Zweifel aufkommen. "*Zudem habe Mannke angekündigt, Weiterbildungsangebote zur interkulturellen Bildung zu*

---

[124] Alexander Schierholz: „Scham und Bedauern", in: Mitteldeutsche Zeitung, 11.11.2015, S.2
[125] ebenda

nutzen. *'Ferner hat er versichert, dass er sichtbare Zeichen in seiner Schule und den Gymnasien des Landes setzen möchte, etwa mit Blick auf das Projekt 'Schule ohne Rassismus – Schule mit Courage', fügt Hofmann hinzu."* Ich habe nichts dergleichen angekündigt, sondern ihm aufmerksam zugehört und auf seine Frage, ob ich mir vorstellen könne, an Fortbildungen über die muslimische Kulturgeschichte teilzunehmen, geantwortet: "Wenn es seriöse Islamwissenschaftler sind, idealerweise noch aus diesem Kulturkreis stammende, bin ich gern bereit, mir ihre Vorträge anzuhören. Man kann nie genug lernen." Das Projekt "Schule ohne Rassismus" habe ich nie für unser Gymnasium in Betracht gezogen, weil es für uns am Goethegymnasium in Weißenfels selbstverständlich ist, allen Schülerinnen und Schülern, unabhängig von ihrer Herkunft oder religiösen Überzeugung, gleiche Bildungschancen zu bieten. Legitimation für meine Entscheidung gab mir eine Gesamtkonferenz von 2014, an der neben den Lehrervertretern auch Repräsentanten der Eltern- und Schülerschaft über alle wichtigen Fragen der Schule beraten. Sie waren für dieses *"Lippenbekenntnis ohne Substanz"* (so die Elternvertreter) nicht zu begeistern. Ein solches Aushängeschild erinnert an die Bekenntniskultur der DDR mit ihren Schulen der "deutsch-sowjetischen Freundschaft". Gelebte, herzliche Partnerschaft braucht diese Art von plakativer Bestätigung nicht. Nach den Ereignissen der Kölner Silvesternacht schweigen der Minister und sein Staatssekretär. Sie haben nie wieder das Gespräch mit uns gewünscht und wurden vom Wähler am 12. März 2016 außer Dienst gestellt. Dr. jur. Robert P. gibt mir am 07. Januar 2016 dazu folgendes Schreiben an beide Herren zur Kenntnis, indem er auf einen Artikel in der Tageszeitung "Die Welt" hinweist, der von massiven sexuellen Übergriffen *"frisch eingereiste(r) Asylbewerber"* in Deutschland berichtet. Wenn Sie das lesen, "*dann werden Sie sicherlich selbst merken, wie falsch und dumm es von Ihnen war, Herrn Dr. Mannke publikumswirksam für seine Warnungen in der Zeitschrift seines Philologenverbandes zu maßregeln."* Es wäre wünschenswert, wenn es ihnen gelänge, von ihrem hohen Ross abzusteigen und zu akzeptieren, dass niemand, was auch immer er für Macht auszuüben vermeint, im Besitz der absoluten Wahrheit ist. Unser Martin Luther sagt dazu in seiner letzten Predigt am 14. Februar 1546 in Eisleben: „*Wie man auf Deutsch sagt: Der Hochmut macht den Tanz gut. Diese Narren meinen, weil sie in der Regierung sitzen und eine große Rolle spielen, so müssen sie klug sein."* [126]

---

[126] „Bericht. Martin Luthers letzte Predigt am 14.02.1546", zitiert nach: Junge Akademie Wittenberg, Evangelische Akademie sachsen- Anhalt e.V.

Die Götterdämmerung von Köln

"Ich bin davon überzeugt, dass schon in wenigen Monaten die meisten schmerzhaft erkennen müssen, dass Sie recht hatten. Es läuft zurzeit viel schief und ich bin besorgt um unser Land ... Die Lebensqualität wird rapide sinken, wir werden schon sehr bald mit der Kriminalität auf dem Niveau südamerikanischer Länder sein, wo jeder seine Kinder zur Schule bringen muss und hohe Zäune mit Elektrodrähten zur Sicherung des Eigentums erforderlich sind." Dieses pessimistische Orakel raunte am 8.11.2015 Bernhard B. und das Unangenehme daran ist, dass man solche Prophezeiungen nicht leichtfertig in den Wind schlagen kann.

Der Sturm um meine Person hatte sich um die Jahreswende gelegt, da platzte wie eine Bombe die Nachricht von den Ereignissen der Silvesternacht von Köln über Deutschland herein. Am Dom bekundeten wirklich Hilfesuchende spontan ihre Abscheu angesichts der widerlichen Exzesse: *"Sorry, Mädels. Wir Syrer schämen uns für diese Arschlöcher."* Am 9. Januar 2016 titelte "Die Welt": *"Dieser Tag wird in die Geschichte der Bundesrepublik eingehen".*[127] Das ist sicher richtig, aber es hätte niemals dazu kommen müssen, wenn man die warnenden Stimmen nicht einfach ignoriert und stattdessen eine Asylpolitik mit Augenmaß und Verantwortung betrieben hätte. Ausgerechnet in Köln musste das passieren, in

---

[127] Jaques Schuster: „Dieser Tag wird in die Geschichte der Bundesrepublik eingehen", in: Die Welt, 09.01.2016

dieser weltoffenen, so ausländerfreundlichen Stadt, in der beispielsweise nach den abscheulichen, rechtsradikalen Ausschreitungen gegen die fleißigen Vietnamesen in Rostock-Lichtenhagen 1992 Kölner Künstler, u. a. BAP-Frontmann Wolfgang Niedecken, eine Demonstration von 100.000 Menschen auf dem Chlodwigplatz gegen rechts mobilisieren konnten. Und dann diese Schande in der Silvesternacht 13 Jahre später!

Hunderte, später mehr als tausend Männer, vor allem aus den Maghreb-Staaten, die ohnehin kaum legale Bleibeperspektiven haben, versammeln sich vor Hauptbahnhof und Dom, betrinken sich, kiffen sich zu und beginnen eine hemmungslose Hatz auf weibliche Anwesende. Eine Frau twittert: *„Wir standen am Bahnhof vor einer Wand aus Männern. Alle haben laut geschrien: Schlampe, Hure, Ficki-ficki. Sie haben versucht, meine Leggins auszuziehen.' Sogar eine Polizistin auf Zivilstreife wird in dieser Nacht zum Opfer. Auch sie wurde von einer Gruppe Männer abgedrängt, umkreist und begrapscht."* [128] Nach der Silvesternacht legt sich tiefes Schweigen über unser Land. Für ganz kurze Zeit nach dieser erschütternden Meldung, vom 1. bis zum 4. Januar 2016, regiert Betroffenheit und Schockstarre – freilich aus völlig unterschiedlichen Gründen.

Plötzlich war alles wieder da, die Erinnerung an die inhaltsleeren, gedankenlosen Phrasen, die bekenntnishaf-

---

[128] Barbara Schmid, in: Der Spiegel, Chronik 2016, 7.12.2016, S. 24-26

ten, öden Worthülsen ohne Herzblut, aber mit Verachtung auf den Lippen für all jene, die nicht in den Jubel der Willkommenskultur einstimmten. Presseleute seinerzeit freilich lautstark vornweg, ganz stramm in der ersten Reihe der Empörer gegen mich. Jürgen S. aus Erlangen recherchierte blitzlichtartig und stellte mir Anfang Januar 2016 diese kurze, aber bezeichnende Reflexion jenes Shitstorms vom Spätherbst 2015 zur Verfügung: *"Dank des grünlinken Mainstreams hatten Sie mit Ihrem sachlich fundierten Artikel selbstverständlich einen Empörungstsunami mit den üblichen bekannten, inhaltsleeren, dümmlichen Phrasen und Worthülsen ... provoziert. Das „Hamburger Abendblatt" ist ‚irritiert' und weist ausdrücklich darauf hin: ‚Der Text stammt nicht von einem Pegida-Anhänger aus dem rechtspopulistischen Lager.' Und die BILD schreibt rügend: ‚Mitten in der Flüchtlingskrise hegt der Lehrerverband Sachsen-Anhalt eine ganz besondere Befürchtung.' Der offensichtlich linksverstörte Berichtversager der ‚Süddeutschen Zeitung' schreibt von ‚Hetze' und hyperventiliert: 'Diese Argumentation war nahezu wortgleich kürzlich auf einer AfD-Veranstaltung zu hören, als der Parteifunktionär Björn Höcke – auch ein gelernter Lehrer – vor der Gefahr warnte, die für 'blonde Frauen' von Männern ausgehe, in deren Kulturkreis Frauen weniger wert seien als hierzulande.' Und in Ermangelung sachlich fundierter Gegenargumente zu Mannkes Ausführungen wird er persönlich. 'Wer das Heft öffnet, dem springt auf Seite vier das Foto eines Herrn mit Brille und schütterem Haar ins Auge: Jürgen Mannke, Schulleiter eines Gymnasiums, promovierter Philologe.' Mit Journalismus hat das nichts zu tun."* Hochnotpeinlich: Nun liegen in der ersten Hälfte des Januars 2016 über 1000 Strafanzeigen allein gegen angeblich so harmlose Migranten in Köln vor. Zunächst musste die Polizei offiziell beschwichtigen, indem sie die Feiern in der Silvesternacht als *„weitgehend friedlich"* einschätzte. Das war in Erklärungsnot gelogen, sicher unter politischem Druck und aus Angst vor denen, die nur darauf lauern, wieder einen unbequemen Zeitgenossen in die rechte Ecke schieben und brandmarken zu können. Für diese falsche Pressemitteilung wurde deren Verfasserin versetzt, Kölns Polizeipräsident Wolfgang Albers musste seinen Stuhl räumen. Angeblich erfuhr die nordrhein-westfälische Ministerpräsidentin, Hannelore Kraft (SPD), erst am 4. Januar von den Vorfällen am Kölner Hauptbahnhof. Durch Recherchen von SPIEGEL-Journalisten wurde ein interner Polizeibericht bekannt, in dem es heißt, *„Frauen seien Spießruten durch die stark alkoholisierten Männermassen"* gelaufen. Als Täter kommen *„männliche Migrantengruppen"*[129] infrage, aber eine Identifizierung Einzelner sei zu schwierig gewesen – es waren einfach zu viele. Einige Polizeibeamte berichteten den Reportern von der „Welt am Sonntag", es seien wohl rund 100 Tatverdächtige kontrolliert und einige auch verhaftet worden.

---

[129] Barbara Schmid, in: Der Spiegel, Chronik 2016, 7.12.2016, S. 24-26

Viele davon seien *„frisch eingereiste Asylbewerber".*[130] Es legt den erschreckenden Schluss nahe, dass die Sicherheitsbehörden und Asylämter hoffnungslos mit dem gewaltigen Flüchtlingsstrom überfordert sind. Zwar wirkt Bundesinnenminister Thomas de Maiziere (CDU) in diesen Januartagen energisch, als er verkündet, dass alle Asylanten, *"die schwere Straftaten begehen, damit rechnen müssen, abgeschoben zu werden",*[131] aber die noch immer unveränderte Rechtslage erlaubt ein solches Verfahren nur, wenn die Betroffenen mindestens zu einem Jahr Haft verurteilt wurden. Und noch immer weigern sich die Maghreb-Staaten, ihre Bürger wieder aufzunehmen. Die meisten der 18.400 Asylsuchenden, die 2015 in ihre Heimatländer zurückgeschickt wurden, waren keine Kriminellen, sondern vor allem Menschen aus den Balkanländern, die oft verzweifelt Arbeit suchten.[132] Marc Kayser interviewte in eben dieser Ausgabe die Feministin Alice Schwarzer, die es auf den Punkt bringt: *„… diese Männer ertragen wohl unsere Emanzipation und unsere Freiheit nicht. Aber daran werden sie sich gewöhnen müssen, wenn sie Gast sind bei uns. Wir wollen nicht unter die Burka schlüpfen, um sicher zu sein."*[133] Bemerkenswert ist ihre Wortwahl: Wir sind Gastgeber

---

[130] ebenda

[131] ebenda

[132] Gerald Praschl: „Die Nacht der (Un-)Wahrheit", in: Super*illu*, 03/2016, 14.01.2016

[133] Marc Kayser: „Nachgefragt", „Was sagen Sie zur Gewalt in Köln, Alice Schwarzer?" ", in: Super*illu*, 03/2016, 14.01.2016, S.7

und die Flüchtlinge sind Gäste. Der Hausherr bestimmt also die Regeln und entscheidet, wer sein Grundstück betreten darf. In der Willkommenskultur scheint man diese völlig normale Praxis ins Paradoxe verkehrt zu haben. Hinterher kann man klug quaken? Mitnichten.
Fast zwei Monate vorher, am 23.11.2015, wurde ein offenes Gespräch mit dem Vorsitzenden des Zentralrates der Juden in der WELT veröffentlicht. Josef Schuster plädiert dafür, den Asylanten, die in existenzielle Not geraten sind, unbedingt zu helfen. Aber er sagt auch mit Nachdruck, dass es unmöglich sei, alle Flüchtlinge aufzunehmen," *zumal Menschen aus Kulturen darunter seien, deren Verständnis von der Gleichberechtigung der Frau, deren Umgang mit Homosexuellen und deren Blick auf die Juden unseren Werten widersprächen – um es höflich auszudrücken. Schuster sagte nichts, was sittenwidrig oder anstößig gewesen wäre. Dennoch erlebte er in den folgenden Wochen einen Spießrutenlauf, den noch kein Zentralratsvorsitzender zu überstehen hatte. Politiker aus den verschiedenen Parteien schickten sich an, den an sich selbstverständlichen, fast banalen Einwurf des Zentralratsvorsitzenden als Entgleisung zu verunglimpfen.*"[134] In Deutschland müssen wir doch aufgrund der entsetzlichen Verbrechen an den Juden im Nazireich gerade dieser religiösen Gemeinschaft mit äußerster Sensibilität begegnen. In der Flüchtlingsfrage

---

[134] Jaques Schuster: „Dieser Tag wird in die Geschichte der Bundesrepublik eingehen", in: Die Welt, 09.01.2016

werden indes skrupellos alle Tabus gebrochen, selbst die Juden auf dem Altar einer bis zum Erbrechen zelebrierten "Multikulti-Willkommenskultur" geopfert. Das ist widerwärtig. Legt man es böse aus, besudeln solche Scharfmacher, die sich ansonsten gern als konsequente Antifaschisten hinstellen, im schlimmsten Fall die Opfer des Jahrhundertverbrechens, des Holocaust. Ohne jedes Maß an historischer Verantwortlichkeit verlangt ein Kommentator der taz, das Gremium doch ausschließlich *"Zentralrat der rassistischen Juden"*[135] zu nennen. Wie Hyänen warfen sich die vermeintlichen Verteidiger des Morgenlandes im Abendland auf Schuster, der sich aber nicht provozieren ließ. "Die Welt" fragt besorgt: "*Wie wäre ihm wohl mitgespielt worden, wäre er kein Jude?*"[136] Noch übler als ohnehin schon, wie jedermann heute weiß. Wie falsch ist es doch, Sorgen und Nöte, artikulierte Ängste angesichts der Millionen Ankömmlinge zu ignorieren und Meinungen niederzuschreien, bloß, weil sie irgendwelchen Ewiggestrigen oder neuzeitlichen Nazis in die Hände spielen könnten? Die rotlackierten Gralshüter der Political Correctness schreien nun, nachdem sie lautstark all jene verunglimpften, die sich dem gedankenlosen Mainstream widersetzten, scheinheilig: Haltet den Dieb! "*Sozialdemokraten werfen nun Vorschläge über*

---

[135] Armin Langer: „Rassismus im Zentralrat der Juden", Kommentar, in: taz.de, 23.11.2015

[136] Jaques Schuster: „Dieser Tag wird in die Geschichte der Bundesrepublik eingehen", in: Die Welt, 09.01.2016

eine schnelle Abschiebung in die Debatte, obwohl sie noch vor wenigen Tagen genau das Gegenteil für richtig und diejenigen für rechtsradikal gehalten hatten, welche eben über ebendies zaghaft, aber laut nachdachten",[137] kommentiert "Die Welt" sarkastisch am 9. Januar 2016. Was für eine Posse! Keine solche ist der "Offene Brief" des Generalmajors a. D., Gerd Schultze-Rhonhof an Angela Merkel, der bereits am 17. September 2015 im "Magazin für Souveränität-Compact" veröffentlicht, aber selbstverständlich in der geschürten Euphorie des Willkommensrausches nicht weiter publiziert wurde, weil er der allgemeinen Begeisterung entgegenstand. Der General ist kein Ausländerfeind, hatte der ehemalige Berufssoldat doch ein halbes Jahr lang einem Armutsflüchtling ein Zimmer mit Bad gestellt, ihn am Familienleben teilhaben lassen, ein Fahrrad geschenkt und ihn unfallversichert. In seinem ausführlichen Schreiben zeigt er Lösungen für diese Krise auf, die aber anscheinend niemanden der Verantwortlichen interessieren. Und so ähnlich wie der eingangs dieses Abschnittes zitierte Bernhard B., verweist er auf existenzielle Ängste, die Teile unserer Bevölkerung verunsichern und in die Arme der Populisten treiben: *"Wir erleben derzeit sehenden Auges einen Zustrom von mehrheitlich nicht integrierbaren Migranten und Flüchtlingen ..., der unsere Gesellschaft sprengen, unsere Demokratie als handlungsunfähig vorführen, unsere Kommunen auf Dauer in die Zahlungsunfähigkeit*

---

[137] ebenda

treiben und unser eigenes Volk langfristig auf seinem Territorium zur Minderheit werden lässt ... Sie, verehrte Frau Bundeskanzlerin, werden es durch ihre bisherige Konzeptionslosigkeit und Unentschlossenheit vor unseren Enkeln mit zu verantworten haben, dass wir in einigen Jahren Rassenprobleme wie in den USA, Banlieues wie in Frankreich und rechtlose Stadtteile wie in England haben, wenn Sie der jetzigen Entwicklung weiter konzeptlos und ohne wirksame Taten zusehen."[138] Wer Kritik an der konfusen Willkommenskultur übt, wer es wagt, sich gegen die außer Kontrolle geratene Massen-Einwanderung zu stellen, wird hemmungslos an den Pranger genagelt, *"in die rechtsradikale Ecke gestellt, 'aus der Front der Demokraten' exkommuniziert, als 'dumpfes' Pegida-Volk und 'empathieloses Pack' beschimpft, des Populismus und des Rassismus bezichtigt, ihnen werden unberechtigte Ängste und Angstmache unterstellt, ihre Bedenken werden als 'ideologischer Müll' bezeichnet, oder sie werden anderweitig verunglimpft und gemobbt."*[139] Wer Zuwanderungskritik übt, so Schultze-Rhonhof weiter, verbreitet angeblich Lügen und Legenden von aufdringlichem Macho-Verhalten, Missachtung deutscher Frauen, z. B. *"Verhöhnung von Helferinnen, die den Toilettendreck der Migranten entfernen, Drogenhandel, Rempeleien und Schlägereien, überzogene Anspruchshaltung bei Behörden und Ärzten, man-*

---

[138] "Offener Brief des Generalmajors a. D., Gerd Schultze-Rhonhof an Angela Merkel", 17. September 2015, in: Magazin für Souveränität-Compact (online)
[139] ebenda

gelhafte Hygiene in den Unterkünften, das Verdrängen anderer Ethnien bis hin zur Drangsalierung deutschstämmiger Kinder in mehrheitlich migrantenstämmigen Schulklassen."[140] Das mag vielleicht nicht allzu häufig vorkommen, wie der Generalmajor beschwichtigend einfügt, aber das können jene besser beurteilen, die tagtäglich mit solchen Problemen konfrontiert werden. Bis zum 1. Januar 2016 wird in den Medien schamhaft das offene Geheimnis verschwiegen, dass die Migranten dem Steuerzahler eine Menge Geld kosten: für Lebensunterhalt, Unterkunftsanierung, Miete, Reinigung, medizinische Versorgung, persönliche Ausstattung mit Lebensnotwendigem, Sprachunterricht, zusätzliche Planstellen von Lehrern und Polizisten. Dem normal denkenden Menschen ist ohnehin klar, dass die Willkommenskultur nicht zum Nulltarif oder mit ein paar Erfrischungsgetränken oder geworfenen Teddybären am Münchener Hauptbahnhof praktiziert werden kann. Hunderttausende in Deutschland sind davon überzeugt, dass die mahnenden Worte des Altkanzlers Helmut Schmidt der Realität sehr nahekommen: *"Wir können nicht mehr Ausländer verdauen, das gibt Mord und Totschlag."*

Die Sonne bringt es an den Tag, so war denn jene Silvesternacht auch eine erschreckende Bestätigung für alle, die wie Kassandra warnend die Stimme erhoben. Im allgemeinen Trubel der Begeisterung über die ankommenden Flüchtlinge verhallten diese oder wurden mit

---

[140] ebenda

Totschlag-Geschrei lautlos gestellt. Man diffamierte uns als Nazis, Ausländerhasser, Rassisten und Volksfeinde. In der Silvesternacht schienen sich solche Verleumdungen plötzlich in dicke Luft aufzulösen. Uwe F. hatte bereits am 8. November 2015 Partei für mich ergriffen und in seiner Mail die unbequemen Fragen gestellt, wo denn die Empörung bleibe, *"wenn die Familie eines wegen Ehrenmordes an seiner Schwester verurteilten Mannes die deutsche Bevölkerung als Nazis beschimpft oder ein Imam einer Ministerpräsidentin den Handschlag verweigert?"* Am 08. Januar 2016 gibt er mir einen Brief an das Landesnetzwerk der Migrantenorganisationen Sachsen-Anhalt zur Kenntnis. Darin heißt es: *"Sie haben sich damals sehr zeitnah des Artikels von Dr. Mannke angenommen und gleich ordentlich zum Rundschlag ausgeholt. Umso verwunderter bin ich über ihre momentane 'Sprachlosigkeit' zu den Ereignissen in Köln in der Silvesternacht ... Ich vermute, sie arbeiten alle mit Hochdruck daran, Dr. Mannke bei der Rehabilitierung zu helfen. So völlig falsch hat er wohl doch nicht gelegen?"* Neben vielen anderen fragt auch Herbert K. am 09. März 2016: *"Hat sich schon jemand aus Politik und Journaille bei Ihnen wegen der unberechtigten Kritik an Ihren wohlmeinenden Hinweisen an die deutschen Mädchen im Umgang mit Männern aus dem muslimischen Kulturkreis entschuldigt? Wahrscheinlich nicht, denn es ist Usus geworden, an Fehlmeinungen und Fehlentscheidungen festzuhalten bis zum bitteren Ende."* Bereits am 7. November 2015 hatte K. mir Mut gemacht, dem Shitstorm zu widerstehen. Vier Monate später bilanziert er: *"Meinen Lebensabend hatte ich mir anders vorgestellt, aber ich befasse mich mit all dem Unangenehmen – denn ich kann nicht anders. Nur zuschauen, wie sich 'Deutschland abschafft', ohne den unaufhaltsamen Weg zur Islamisierung kritisch zu begleiten, das schaffe ich leider nicht."* Wiederum erreichten mich im Januar 2016 Hunderte Zuschriften, bezeichnenderweise keine einzige mehr von Leuten, die mich seinerzeit verunglimpften. Die "empörten" ehemaligen Schüler des Merseburger Domgymnasiums, von Tausenden, die ich unterrichtete, waren es nicht einmal zwanzig, schweigen eisern; sie wollen nach den Ereignissen von Köln wohl nicht mehr mit mir diskutieren. Martina R. hatte bereits im November 2015 *"mit großer Empörung und noch mehr Unbehagen ... die diffamierende und unsagbar böse Hetze der 'Medien' gegen den Schulleiter des Goethegymnasiums...verfolgt"* Daran musste sie wieder am 7. Januar 2016 denken, als sie die folgende Meldung las: *"In Weil am Rhein sollen Syrer zwei Minderjährige vergewaltigt haben ... Die beiden Mädchen sind erst 14 und 15 Jahre alt. Sie sind mehrfach vergewaltigt worden. Die vier Tatverdächtigen sitzen in Untersuchungshaft. Einer der Verdächtigen ist laut Staatsanwaltschaft anerkannter Flüchtling, ein anderer Asylbewerber ... Ich bedaure zutiefst, dass ich diese SWR-3-Meldung aus Friedlingen/Lörrach zitieren kann. Empörend finde ich jedoch, dass Pädagogen, die vor solchen Übergriffen warnen wollten, als 'Volksverhetzer' und 'Rechte' beschimpft wurden ... Es ist dringend an der*

Zeit, sich bei Dr. Mannke zu entschuldigen – wenn da jemand von den Verantwortlichen noch ein bisschen Anstand besitzt." Das wäre wohl zu viel verlangt.
5. Januar 2016, vier Tage nach Köln: *"Ich bin empöööööööört – Sachsen-Anhalt: Wir stehen früher auf! Gestern noch: 'Der Philologenverband in Sachsen-Anhalt hat mit einem Text zu Flüchtlingen und muslimischen Männern große Empörung ausgelöst.' Magdeburg – 'Eine Immigranteninvasion überschwappt Deutschland, heißt es im Editorial der Zeitschrift des Verbandes, das von Verbandschef Jürgen Mannke und der Vize- Chefin Iris Seltmann-Kuke unterzeichnet ist. Im Text wird unter anderem gefragt, wie junge Mädchen vor Sex mit muslimischen Männern gewarnt werden könnten.' Heute: 'Übergriffe in Köln – In der Silvesternacht versammelten sich auf dem Kölner Bahnhofsvorplatz nach Angaben der Polizei etwa 1000 Männer, die laut übereinstimmender Zeugenaussagen dem Aussehen nach aus dem arabischen oder nordafrikanischen Raum stammten. Aus dieser Menschenmenge heraus hätten sich Gruppen von mehreren Männern gebildet, die gezielt Frauen umzingelt, bedrängt und ausgeraubt haben. Insgesamt sollen etwa 40 Männer an den Übergriffen beteiligt gewesen sein. Der Chef der nordrhein-westfälischen Polizeigewerkschaft und stellvertretende Bundesvorsitzende, Arnold Pickert, sagte dem Radiosender SWR Info, in Stuttgart und Hamburg habe es ähnliche Vorfälle gegeben."* (Mail an mich von Planbau, Hansestadt Stendal)
Haben wir denn wirklich geglaubt, dass eine Million,

meist muslimisch geprägter Menschen, die fast ungehindert nach Deutschland einströmen, sich problemlos integrieren? Haben wir denn wirklich geglaubt, dass sich darunter nur ehrenwerte, hochgebildete Leute und hilfesuchende Flüchtlinge aus Syrien befinden? Haben wir denn wirklich geglaubt, dass der IS seine Chance ungenutzt verstreichen lässt, um mit den Flüchtlingen auch Terroristen nach Mitteleuropa einzuschleusen? Haben wir denn wirklich geglaubt, dass Menschen, vor allem die vielen jungen Männer, ihr traditionell geprägtes Frauenbild an der Grenze zurücklassen wie abgetragene Kleidung? Haben wir denn wirklich geglaubt, dass Menschen aus relativ sicheren Regionen Arabiens und Afrikas die Chance nicht nutzen würden, von unseren komfortablen Aufnahmebedingungen für Asylsuchende zu profitieren? Haben wir das wirklich alles geglaubt? Wenn man dann noch daran denkt, wie viele unschuldige Menschen in den fürchterlichen Kriegsgebieten um Aleppo niemals die Chance haben, zu uns zu kommen, weil ihnen sämtliche Mittel zur Flucht fehlen, dann muss man erst recht die Frage stellen, weshalb hier Leute – nicht ohne Erfolgsaussichten – Asyl suchen, die sich nicht annähernd in einer solchen Notlage befinden.

Die monatelang zelebrierte euphorische Willkommenskultur weicht allmählich einer Ernüchterung, in deren Sog sich endlich die realistische, wenn auch oft schmerzhafte Berichterstattung Bahn bricht.

Am 16.01.2016 schreibt Klaus Krause aus Bernburg in der "Mitteldeutschen Zeitung", dass ich mich durch diese

Ereignisse bestätigt fühlen kann und man müsse den Einreisenden klarmachen, *„dass Frauen in Deutschland kein Freiwild sind."*[141] Holger Hartenstein aus dem Saalekreis übermannt regelrecht der Zorn angesichts der Kölner Ereignisse: "*Diese Vorkommnisse beweisen erneut, dass eine ganze Reihe fundamentalistisch geprägter Muslime die Würde anderer Menschen, die nicht deren Geisteshaltung und Religion pflegen, mit Füßen treten. Warum hört und sieht man so etwas nicht von Vietnamesen, Griechen, Italienern und anderen hier lebenden Ausländern? Ich verstehe nicht, warum wir die Verantwortung übernehmen müssen für die, die unsere westlich Kultur und Lebensweise immer wieder diffamieren, verspotten, in den Dreck ziehen und Hass predigen gegen das, was wir uns geschaffen haben."*[142] Das wurde als Leserbrief am 12. Januar 2016 veröffentlich, einen Monat früher wäre es wohl undenkbar gewesen. Im gleichen Leserforum der "Mitteldeutschen Zeitung" erinnert Dr. Otto Klein aus Weißenfels: "*Man brauchte ja eigentlich nur darauf zu warten, bis die Befürchtungen von Dr. Jürgen Mannke eintreten würden. Dies geschah nun in der Silvesternacht am Kölner Hauptbahnhof gleich massenhaft. Junge Männer, nordafrikanischer und arabischer Herkunft, haben Frauen und Mädchen begrapscht, beraubt, 'teilweise massiv sexuell belästigt' und wohl auch

---

[141] Klaus Krause: „Vorahnung bestätigt", Leserbrief in: Mitteldeutsche Zeitung, 16.01.2016
[142] Holger Hartenstein: „Harte Gesetze?", Leserbrief in: Mitteldeutsche Zeitung, 12.01.2016, S.20

vergewaltigt. Kultusminister Dorgerloh sollte sich jetzt wenigstens bei Dr. Mannke dafür entschuldigen, dass er ihn wegen dessen Äußerung so unter Druck gesetzt hat, dass Mannke den Vorsitz im Philologenverband Sachsen-Anhalt niederlegen musste. Merkwürdig auch, dass die Medien von diesen unerhörten Übergriffen junger Muslime die Öffentlichkeit erst vier bis fünf Tage später unterrichtet haben."[143] Das ist in der Tat verwunderlich, zumal die schlimmen Vorfälle in Köln, Hamburg oder Bielefeld nicht wirklich überraschend passierten. Viktor S. weist am 24. Januar 2016 in einer kritischen Stellungnahme gegen den Philologenverband Nordrhein-Westfalen (der mich seinerzeit scharf verurteilte) genau darauf hin: *"Wenn man aufmerksam die einschlägigen Nachrichten der letzten Jahre verfolgt, war das, was in der Silvesternacht geschehen ist, nicht neu. Nur stichwortartig: Die Gruppenvergewaltigung auf dem Tahrir-Platz in Kairo während der Massendemonstrationen, schon vor Jahren in England in der Provinz massenhafte sexuelle Übergriffe auf einheimische Mädchen von Männern aus Pakistan (die Herkunft der Täter wurde von der englischen Polizei zunächst verschwiegen – Political Correctness, ähnliche Vorfälle in Norwegen – Die Täter unterscheiden zwischen guten Frauen mit Kopftuch und solchen ohne – und schließlich die wiederholt berichteten Verbrechen gegen Frauen in den Banlieues von Paris.*

---

[143] Dr. Otto Klein: „Wie befürchtet"?", Leserbrief in: Mitteldeutsche Zeitung, 12.01.2016, S.20

Diese Liste (Fakten!) ließe sich sicher noch verlängern. Wie kann man vor solchen Geschehnissen die Augen verschließen? Wie kann man darüber schockiert sein, wenn Begebenheiten berichtet und Befürchtungen geäußert werden? Das kann man doch nicht nach dem Motto 'Alles Einzelfälle!', 'die gleichen Vorkommnisse gibt es doch auch unter Einheimischen!' kleinreden. Das haben Sie zwar nicht gesagt, aber so wird doch häufig argumentiert. Dr. Mannke ist von seinem Amt als Vorsitzender des Philologenverbandes Sachsen-Anhalt zurückgetreten. Ich möchte ihm mit dieser Mail noch nachträglich meine Solidarität ausdrücken!"

Peter Silbernagel als Chef des Gymnasiallehrerverbandes in Nordrhein-Westfalen hat sich jedenfalls nie wieder nach seiner vernichtenden Presseerklärung bei mir gemeldet. Aber es bleibt die Frage im Raum stehen, wer der elitären Fachgewerkschaft in Deutschland wirklich Schaden zugefügt hat.

In der in Hamburg herausgegebenen "Preußische(n) Allgemeine(n) Zeitung" vom 22. Januar 2016 erwartet Christoph Jung aus Weißenfels, dass sich all jene, die sich aktiv an der medialen Hetze gegen mich beteiligten, zu entschuldigen haben.

In seinem Leserbrief bezeichnet er mich als *"langjährig verdienter Pädagoge und überdurchschnittlich engagierter und erfolgreicher Schulleiter"* und empfindet die Demokratie als geschändet: „*Ihn, wie geschehen, herabzuwürdigen und seine Person öffentlich zu diskreditieren,*

ist einer zivilisierten Gesellschaft unwürdig, selbst wenn er unrecht gehabt hätte." In diesem Zusammenhang charakterisiert Jung das politische Klima in Deutschland als vergiftet. *Mannkes "Äußerungen wurden erst durch die sich Empörenden an die Öffentlichkeit gebracht. Später musste eingeräumt werden, dass sich von den 3000 Zuschriften gerade einmal zehn Prozent kritisch gegenüber Mannke geäußert hatten – aber, na klar, die breite Mehrheit der zustimmenden Äußerungen stammten maßgeblich von Rechtsradikalen und Rassisten. So einfach ist die Welt, so schön die Aufteilung in Gut und Böse. Die lauthals ausgerufene 'Welle der Empörung' war bei genauerer Betrachtung ein flacher Tümpel aus Teilen der Medien, Politiker, Kirchen und einer eher kleinen Minderheit der Bevölkerung. Nichtsdestotrotz, das selbsternannte Gute empörte sich und beansprucht zugleich die Legitimation, über die Person zu richten, den Kritisierten als Mensch herabzuwürdigen und moralisch abzukanzeln ... Der in jenen Wochen gezeigte Umgang mit unliebsamen, 'unkorrekten' Stimmen lässt einem demokratisch denkenden Menschen ein Schaudern über den Rücken herunterlaufen und weckt Erinnerungen an Methoden aus dunklen Phasen deutscher Geschichte. Mögen die für interne Zwecke vorgenommenen Formulierungen auch zu undifferenziert ausgefallen sein: Mannke hat recht behalten.*
Die Ereignisse an Silvester in Köln, Hamburg, Stuttgart und weiteren Städten bestätigen die Sorgen, Mahnungen und Warnungen Mannkes in – leider – unfassbar massi-

ver, brutaler Art."[144]

---

[144] Christoph Jung: „Berechtigte Kritik. Der rechtschaffene Schulleiter hatte Recht", in: Preußische Allgemeine Zeitung, Nr.3, 22. 01.2016, S.12

Epilog: Was noch zu sagen wäre
Alfred Kurella lebte als freier Schriftsteller, viele seiner Zeitgenossen erinnern sich, dass er „ein äußerst streitbarer und unbequemer Zeitgenosse war und Mitglied der Kommunisten Partei, der sich, trotz seiner stalinistischen Einstellung, erstaunlicherweise kritisch mit der sozialen Kompetenz der fairen Streitkultur auseinandersetzte (obwohl es den Begriff damals noch gar nicht gab, aber um 1930 in der gefährdeten Demokratie der Weimarer Republik eigentlich brandaktuell war):

„In unseren Redeschlachten gab es immer die Situation: Hier ein Redner und dort ein Gegner. Und wir brachten nichts Anderes fertig, als dem Gegner mit unserer Meinung ins Gesicht zu springen, worauf er uns dann mit seiner Meinung ins Gesicht sprang. Schließlich schlugen wir uns die Köpfe ein. Wir hatten verlernt zu diskutieren."

Es fällt uns Menschen in unserer Eitelkeit, Verletzlichkeit und Voreingenommenheit oft nicht leicht, andere Meinungen oder Standpunkte zu akzeptieren. Leider gelingt es uns deshalb nicht immer, den Streit im sachlichen Rahmen zu belassen. Eine Diskussion wird sinnlos und gerät zur Farce, wenn sie von persönlichen Beleidigungen, unsachlichen Totschlag- Argumenten oder bösartigen Diffamierungen getragen wird.

Es gehört nach meiner Überzeugung zu den wichtigsten Aufgaben von uns Lehrerinnen und Lehrern, unsere Schülerinnen und Schüler zu einer offenen Gesprächskultur zu erziehen, sie zu lehren, dass gesunde Streitkultur unter der Voraussetzung der Meinungsfreiheit ein hohes Gut ist. „Die Art und Weise, wie wir miteinander und mit den Schülerinnen und Schülern umgehen, trägt entscheidend zum Erlernen sozialer Verhaltensweisen bei." Der eben zitierte Satz entstammt der Einleitung einer für die Jugendarbeit gedachten „praktischen Hilfe", um das „Sozialverhalten (zu) lernen", herausgegeben im Jahre 2006 vom Ministerium für Kultus, Jugend und Sport des Landes Baden-Württemberg und thematisiert unter anderem das Erlernen von kultiviertem, von gegenseitiger Achtung geprägtem Gesprächsverhalten, das „positive soziale Beziehungen erleichtert." Dabei formuliert Carl Rogers drei Grundhaltungen, die Basis dafür sind, Kommunikation untereinander zu fördern:

„Die erste Grundhaltung **Akzeptierung** bedeutet: Ich behandle meinen Gesprächspartner freundlich und wertschätzend, ich bewerte und moralisiere nicht. Ich interessiere mich für ihn und versuche, auch in Konflikten möglichst sachlich und tolerant zu bleiben. Akzeptieren des anderen setzt voraus, dass ich mich selbst mit meinen Stärken und Schwächen akzeptiere.

Die zweite Grundhaltung **Verständnis** bedeutet: Ich gehe individuell auf meinen Gesprächspartner ein und nehme ihn differenziert wahr. Ich versuche, mich in seine Welt einzufühlen und handle flexibel. Verständnis des anderen setzt voraus, dass ich meine eigenen Erlebnisse und Probleme gut verarbeiten kann.

Die dritte Grundhaltung **Echtheit** bedeutet: Ich bin in meinen Handlungen mit mir selbst in Übereinstimmung. Ich reagiere natürlich und nicht fassadenhaft und verhalte mich relativ unabhängig vom Erwartungsdruck. Echtheit setzt voraus, dass ich relativ angstfrei bin und Selbstvertrauen habe.

Diese drei Gesprächsgrundhaltungen stehen in engem Zusammenhang mit dem zweiten Bereich des Modelllernens, nämlich dem **Umgang mit Fehlern und Schwierigkeiten**. Von perfekten Vorbildern oder Personen, die so tun, als ob sie perfekt wären, können Kinder und Jugendliche nie lernen, wie sie mit Schwierigkeiten umgehen können. Fehler zu akzeptieren, eigene Schwächen einzugestehen und Hilfen für konstruktive Lösungen zu suchen ist ein wichtiger Teil des Erwerbs sozialer Kompetenzen.

Wer andere akzeptiert und Verständnis zeigt, wird sicher in der alltäglichen Kommunikation höflich sein und vor allem Ironie und zynische Äußerungen vermeiden, weil sie das Selbstwertgefühl des Gegenübers massiv beeinträchtigen. Menschen, die echt und nicht maskenhaft handeln, werden aber dennoch immer wieder in Kauf nehmen müssen, dass ihnen ungeschickte, unpassende und ungewollt verletzende Gesprächsäußerungen unterlaufen.

Wer Schüler/inne/n dann zeigt, wie man diese unangenehme Situation in einer für beide Gesprächspartner günstigen Weise bewältigt, trägt mehr zur Förderung prosozialen Verhaltens bei, als jemand, der alle persönlichen Äußerungen und Emotionen hinter einer glatten Fassade versteckt."

Der Autor Doktor Jürgen Mannke

Doktor Jürgen Mannke wurde im Jahr 1955 geboren. Seit 1980 arbeitet er als Lehrer. Seit Stets politisch interessiert, nahm er 1989 regelmäßig an den Leipziger Montagsdemonstrationen teil.
Er promovierte 1991 in Leipzig im Fachbereich Literaturwissenschaften/Philologie/Philosophie zum Dr. phil. Von 1991 bis 2008 war er Lehrer und Fachbetreuer für Deutsch am Domgymnasium Merseburg.
Seit Dezember 2008 ist er Schulleiter des Weißenfelser Goethegymnasiums. Von 1998 bis 2015 war er Vorsitzender des Philologenverbandes Sachsen-Anhalt.
Mitglied der CDU ist er seit 1998.